Álvaro Bilbao es doctor en Psicología, neuropsicólogo y padre de tres niños. Formado en el Hospital Johns Hopkins y el Kennedy Krieger Institute, ha colaborado con la Organización Mundial de la Salud y sus investigaciones le han valido diversos premios en el ámbito de la psicología y la neurociencia.

Experto en plasticidad cerebral, trabaja cada día aplicando sus conocimientos sobre el cerebro en la rehabilitación intelectual de personas con daño cerebral, y también como psicoterapeuta.

En sus cursos y conferencias para padres defiende que unos conocimientos básicos sobre el cerebro del niño pueden ayudar mucho a que la relación entre padres e hijos sea más profunda y satisfactoria.

Es también autor de *Cuida tu cerebro* (Plataforma Editorial, 2013).

www.elcerebrodelniño.com

El cerebro del niño
explicado a los padres

El cerebro del niño explicado a los padres

Álvaro Bilbao

Plataforma Editorial

Primera edición en esta colección: septiembre de 2015
Tercera edición: octubre de 2015

© Álvaro Bilbao, 2015
© de la presente edición: Plataforma Editorial, 2015

Plataforma Editorial
c/ Muntaner, 269, entlo. 1ª – 08021 Barcelona
Tel.: (+34) 93 494 79 99 – Fax: (+34) 93 419 23 14
www.plataformaeditorial.com
info@plataformaeditorial.com

Depósito legal: B-18712-2015
ISBN: 978-84-16429-56-1
IBIC: VS
Printed in Spain – Impreso en España

Ilustraciones en páginas interiores (a excepción de la pirámide
de Maslow) adaptadas por el autor del banco de imágenes
libres clker.com.

Imagen de la pirámide de Maslow (pág. 30) adaptada por el
autor con autorización de Dutch Renaissance Press LLC.

Realización de cubierta y fotocomposición:
Grafime

En recuerdo de Tristán, que allá donde está pasa el día riendo con sus padres y jugando con sus hermanos y primos.

Al niño que se esconde en todo padre y a la niña que hay en toda madre, para que sean parte del papá y de la mamá que todo niño necesita.

Agradecimientos

Quiero agradecer a mis padres y a mis suegros su maravillosa labor como padres, que se extiende ahora a sus nietos. De la misma manera, a mi hermano y cuñados, tíos, abuelos y primos, ya que entre todos ellos configuran esa tribu que hace falta para criar a un niño.

No quiero dejar de dar mi más sincero agradecimiento y reconocimiento a todos los maestros, que de manera incansable apoyan el desarrollo de los niños en cada rincón del planeta. No imagino labor más importante en una sociedad que la de aquellos que cuidan el mayor tesoro para el presente e impulsan la mayor promesa para el futuro. Su experiencia encuentra lo mejor de cada niño allí donde los padres andamos más perdidos, su ilusión despierta el deseo de aprender allí donde los padres no llegamos, y su paciencia y ternura abraza a nuestros hijos cuando los padres no estamos. Muy especialmente a los maestros de mis hijos: Amaya, Ana Belén, Elena, Jesús y Sonia, y a mis últimos maestros: Rosa, Marili y Javier.

Y por supuesto, a mi esposa Paloma, y a mis tres maravillosos hijos: Diego, Leire y Lucía. Aunque llevo estudiando toda la vida el cerebro humano, ellos cuatro han sido los que han dado sentido a todo mi conocimiento y me han enseñado todo lo que sé del maravilloso mundo del cerebro del niño.

Índice

Introducción |

«El periodo más importante en la vida no es el de
la universidad, sino el primero de todos; desde el
nacimiento hasta los seis años de edad.»

MARIA MONTESSORI

Los niños despiertan una emoción única en cualquier adulto. Sus gestos, su alegría sincera y su inocencia nos conmueven como no puede hacerlo ninguna otra experiencia en la vida. El niño se conecta de una manera directa con una parte muy especial de nosotros mismos: aquel niño que fuimos y que aún somos. Es posible que en los últimos días hayas sentido el deseo de cantar por la calle, encolerizarte con tu jefe o saltar sobre un charco en un día de lluvia, y quizá por las responsabilidades o por vergüenza no lo has hecho. Estar con un niño es una experiencia preciosa, porque cuando estamos con él, conectamos con una parte muy especial de nosotros mismos: el niño perdido al que necesitamos encontrar en tantos momentos de nuestra vida y que es, posiblemente, la mejor parte de cada uno de nosotros.

Si tienes este libro entre tus manos es porque, como padre, madre o educador hay un niño en tu vida y como tal tienes la oportunidad de conectarte con la parte del cerebro que ríe, juega y sueña en tu interior. Educar a un niño es también una gran responsabilidad y, posiblemente, el acto más trascendental de la vida de muchas personas. La trascendencia de la paternidad alcanza todos los niveles de la existencia humana. En el plano biológico, los hijos son la semilla que puede diseminar tus genes y asegurar tu trascendencia en las generaciones futuras. En el plano psicológico, supone para muchas personas la realización de un instinto irrefrenable. Y en el espiritual, representa la posibilidad de alcanzar la plenitud al ver crecer a unos hijos felices.

Como cualquier padre o madre entiende en el instante en que sostiene a su hijo en brazos por primera vez, la paternidad conlleva también una serie de responsabilidades de todo tipo. En primer lugar, se dan las propias del cuidado, que incluyen la nutrición, el aseo y la protección básica del niño. Afortunadamente, las matronas del hospital y las siempre dispuestas abuelas te habrán dado clases teóricas y prácticas de todo eso. En segundo lugar, están las responsabilidades económicas. Un hijo conlleva una serie de gastos que hay que asumir para deleite de grandes almacenes, farmacias, guarderías y supermercados. Afortunadamente, el sistema de enseñanza te ha instruido durante una media de doce años para que ganes un salario. Lees y escribes. Manejas un ordenador. Hablas –o lo intentas– en inglés. Eres capaz de permanecer sentado casi ocho horas cada día. Sabes trabajar en equipo y tienes formación específica en lo que sea que hagas. La tercera responsabilidad de todo padre, y la más importante, es la educación de sus hijos. Desde mi perspectiva, educar no es otra cosa que apoyar al niño en su desarrollo cerebral, para que algún día ese cerebro le permita ser autónomo, conseguir sus metas y sentirse bien consigo mismo. Aunque explicado así puede parecer algo sencillo, educar tiene sus complicaciones, y la mayoría de los papás y las mamás no han recibido ninguna formación acerca de cómo pueden ayudar a sus hijos en ese proceso. Básicamente, desconocen cuál es el funcionamiento básico cerebral, cómo se desarrolla o cómo pueden apoyar su maduración. En algunas ocasiones, todo padre y toda madre estarán perdidos, dando tumbos o sintiéndose inseguros respecto a cómo pueden ayudar a sus hijos en distintos aspectos de su maduración intelectual y emocional. En otras muchas, actuarán con confianza, pero de manera contraria a lo que el cerebro de su hijo necesita en ese momento.

No quiero engañarte ni ofrecerte una idea distorsionada acerca de la influencia que como madre o padre puedes tener en el desarrollo intelectual y emocional de tus hijos. Tu hijo viene de serie, con un carácter que marcará su forma de ser de por vida. Hay niños más introvertidos y otros más extravertidos. Hay niños tranquilos y otros nerviosos. Igualmente, sabemos que al menos el 50 % de la inteligencia de tus hijos vendrá determinada por sus genes. Algunos estudios indican que, posiblemente, otro 25 % depende de los compañeros de curso y de los amigos con los que se relacione. Esto ha llevado a algunos expertos a asumir que los padres apenas tienen influencia en el desarrollo de sus hijos. Sin embargo, esta afirmación no es acertada. El niño, muy especialmente durante los primeros años de vida, necesita de sus padres para desarrollarse. Sin la leche materna, sin sus cuidados, sin sus palabras o sin sus brazos que lo sostienen y lo calman, el niño crecería con unas carencias emocionales e intelectuales irreparables. No es sino en la seguridad, el cuidado y la estimulación que ofrece la familia donde descansa todo el desarrollo cerebral del niño.

Hoy en día, los papás y las mamás tienen más oportunidades que en ninguna otra época de la historia de acertar con sus hijos. Disponemos de más información, y las investigaciones acerca del cerebro ponen a nuestra disposición conocimientos y herramientas prácticas que pueden ayudar a nuestros hijos a desarrollarse con plenitud. Desafortunadamente, también tenemos más oportunidades de equivocarnos. La realidad es que en tan solo dos décadas el número de niños que toma medicación neurológica o psiquiátrica en Estados Unidos se ha multiplicado por siete. Esta tendencia sigue al alza y parece extenderse como la pólvora a través del mundo «desarrollado» y, a día de hoy, uno de cada nueve niños pasará parte de su etapa escolar bajo los efectos de psicofármacos. La realidad es que hemos perdido valores en la educación de los niños, valores que la ciencia señala como fundamentales para un desarrollo cerebral equilibrado. Como consecuencia, en el ámbito de la educación y el desarrollo infantil proliferan corporaciones interesadas en hacer caja con complejos programas de estimulación cerebral, escuelas infantiles capaces de crear genios o fármacos que revierten la posibilidad de distraerse y mejoran el comportamiento. Estas empresas operan bajo la creencia popular de que este tipo de programas, estimulación o tratamientos tienen un impacto positivo en el desarrollo cerebral. En el otro extremo hay también teorías y padres que confían en una educación radicalmente natural, en la que el niño crece libre de normas o frustraciones, alentados por estudios que indican que la frustración en el bebé puede provocar problemas emocionales, que los límites interfieren en el potencial creativo del niño o que un exceso de recompensas puede minar su confianza. Las dos concepciones, la de que el cerebro del niño potencia sus habilidades con el refuerzo de la tecnología y la de que el ser humano es capaz de alcanzar un desarrollo pleno solamente a través de la exploración y la experiencia libre, han demostrado no ser acertadas. La realidad es que el cerebro no funciona como nos gustaría que funcionara, ni tampoco como, a veces, creemos que funciona. El cerebro funciona como funciona.

Neurocientíficos de todo el mundo llevan décadas tratando de descifrar cuáles son los principios en los que se apoya el desarrollo cerebral y qué estrategias son más efectivas para ayudar a los niños a ser más felices y a disfrutar de una plena capacidad intelectual. Las investigaciones sobre evolución y genética revelan que, lejos de ser puramente bondadosos, los seres humanos tenemos instintos encontrados. Basta con ir a un patio de colegio para ver cómo, lejos de las miradas de los maestros, aparecen los instintos de generosidad en forma de altruismo y colaboración mutua, pero también otros más salvajes, como la agresividad y la dominación. Sin el apoyo de los padres y los maestros para que guíen al niño y lo ayuden a satisfacer sus necesidades dentro de los límites que establece el respeto a los demás, el niño estará perdido. Sabemos que lo que en gran medida ha hecho evolucionar a nuestra especie ha sido nuestra capacidad de transmitir valores y cultura de generación en generación, lo que nos ha hecho más civilizados y solidarios –aunque, en los tiempos que corren, pueda no parecer así–; una labor que el cerebro no puede hacer por sí solo y que necesita del trabajo atento de padres y maestros.

Otras investigaciones sobre el desarrollo cerebral arrojan datos según los cuales la estimulación temprana no tiene impacto alguno sobre la inteligencia de un niño sano. En este sentido, lo único que parece demostrado es que durante los primeros años de vida el niño tiene una mayor capacidad para desarrollar lo que conocemos como el oído absoluto, o la capacidad para aprender música o un idioma como si fuera la lengua materna. Esto no quiere decir que una escuela bilingüe sea mejor que una escuela no bilingüe, sobre todo porque si los maestros no son nativos, el niño desarrollará un oído con acento, en lugar de un oído absoluto. En este sentido, puede ser más beneficioso que, como ocurre en otros países de nuestro entorno, los niños vean las películas en versión original, o que haya unas pocas clases a la semana de inglés o chino, pero impartidas por profesores nativos. También sabemos que programas como Baby Einstein, o escuchar música de Mozart, tampoco contribuyen al desarrollo intelectual del niño. Un niño que escucha música clásica puede relajarse y, por tanto, realizar mejor algunos ejercicios de concentración unos minutos después, pero nada más. Pasados unos minutos, el efecto se disipa. Asimismo, disponemos de datos contundentes que demuestran que la exposición de los niños a teléfonos inteligentes, tabletas y otros dispositivos electrónicos eleva el riesgo de que presenten problemas de comportamiento o trastornos por déficit de atención. Estos datos indican también que este déficit está, sin lugar a dudas, sobrediagnosticado; es decir, hay un porcentaje relativamente elevado de niños que toman medicación psiquiátrica que, en realidad, no necesitan. La tendencia a sobrediagnosticar el déficit de atención es solo la punta del iceberg. Lejos de ser las responsables, las farmacéuticas solo aprovechan el contexto educativo de muchos hogares. La largas jornadas de trabajo, la falta de dedicación de los padres, la falta de paciencia y de límites y –como ya hemos indicado– la irrupción de los teléfonos inteligentes y las tabletas parecen estar –al menos en parte– detrás del vertiginoso incremento de casos de trastorno por déficit de atención y depresión infantil.

Hay infinidad de programas milagro que prometen desarrollar la inteligencia del niño, pero, como puedes ver, cuando se someten estos programas al rigor científico no demuestran eficacia alguna. Posiblemente la razón por la que muchos de ellos fracasan es porque su principal interés es acelerar el proceso natural de desarrollo cerebral, con la idea de que llegar antes permite llegar más lejos. Sin embargo, el desarrollo cerebral no es un proceso que pueda acelerarse sin perder parte de sus propiedades. De la misma manera que un tomate transgénico que madura en pocos días y alcanza unas dimensiones y un color «perfectos» pierde la esencia de su sabor, un cerebro que se desarrolla bajo presión, corriendo para saltar etapas, puede perder por el camino parte de su esencia. La empatía, la capacidad de esperar, la sensación de calma o el amor no pueden cultivarse a ritmo de invernadero y requieren de un crecimiento pausado y unos progenitores pacientes que sepan esperar a que el niño dé sus mejores frutos, justo en el momento en que está preparado para darlos. Esta es la razón por la que los descubrimientos de neurociencia más importantes respecto al desarrollo del cerebro del niño se detienen en aspectos aparentemente sencillos como la influencia positiva de la ingesta de frutas y pescado durante el embarazo y los primeros años de vida del niño los beneficios psicológicos de acunar en brazos al bebé, el papel del afecto en el desarrollo intelectual del niño o la importancia de las conversaciones entre madre e hijo en el desarrollo de la memoria y el lenguaje, en un reconocimiento claro de que en el desarrollo cerebral lo esencial es lo realmente importante.

La verdad es que sabemos muchas cosas acerca del cerebro que podrían ayudar a los papás y a las mamás, pero que desafortunadamente desconocen. Quiero ayudarte a conocer cómo tú sí puedes influir de una manera muy positiva en el desarrollo cerebral tu hijo. Hay cientos de estudios que prueban que el cerebro tiene una enorme plasticidad y que aquellos padres que utilizan las estrategias adecuadas ayudan en mayor medida a sus hijos a tener un desarrollo cerebral equilibrado. Por eso he reunido los fundamentos, las herramientas y las técnicas que pueden ayudarte a ser la mejor influencia en el desarrollo intelectual y emocional de tu propio hijo. Con eso no solo vas a conseguir ayudarlo a desarrollar buenas habilidades intelectuales y emocionales, sino que también vas a contribuir a prevenir dificultades en su desarrollo, como el déficit de atención, la depresión infantil o los problemas conductuales. Estoy convencido de que unos conocimientos básicos sobre cómo se desarrolla y se construye el cerebro del niño pueden suponer una gran ayuda para aquellos papás y mamás que quieran aprovecharlos. Confío en que los conocimientos, las estrategias y las experiencias que vas a encontrar a continuación contribuyan a hacer de tu labor como padre o madre una experiencia plenamente satisfactoria. Pero, sobre todo, espero que adentrarte en el maravilloso mundo del cerebro del niño te ayude a conectar con tu niño perdido y a comprender mejor a tus hijos, para obtener así lo mejor de cada uno de vosotros.

PARTE I
Fundamentos

1.
Principios para un desarrollo cerebral pleno

«Las personas inteligentes se guían por planes; las sabias, por principios.»

RAHEEL FAROOQ

Un principio es una condición universal y necesaria que nos permite explicar y comprender el mundo que nos rodea. La ley de la gravedad es un principio básico de la astronomía, la higiene es un principio básico de la salud y, por ejemplo, la confianza mutua es un principio básico de la amistad. Como en toda tarea a la que se entrega el ser humano, en la educación del niño también hay unos principios básicos que pueden permitir a cualquier padre saber lo que tiene que hacer en la mayoría de las situaciones, y acudir a ellos para sopesar las alternativas que se planteen en su educación y en su crianza.

Como todo padre, te has enfrentado y te enfrentarás a muchos dilemas durante el largo proceso de maduración de tus hijos. Pueden ser cuestiones concretas y prácticas, como elegir entre regañar o ser paciente, o decidir si esperas a que termine el plato o perdonarle algo de comida. Pero también pueden ser cuestiones más amplias y casi filosóficas, como elegir el tipo de colegio en el que lo matriculamos, decidir si lo apuntamos a actividades extraescolares o tomar una posición respecto al tiempo que pasa frente al televisor o con los juegos del móvil. En realidad, todas las decisiones, las filosóficas y las aparentemente intrascendentes, van a condicionar el desarrollo del cerebro de tu hijo y, por tanto, es bueno que las asientes en unos principios claros, prácticos y sólidos.

En esta primera parte del libro voy a presentarte los principios básicos sobre el desarrollo del cerebro del niño que todo padre debe conocer. Son cuatro ideas muy sencillas que vas a entender y a recordar a la perfección. Pero, sobre todo, son cuatro líneas maestras sobre las que construir tu labor de educar el cerebro intelectual y emocional de tu hijo. Son los principios en los que he fundado la crianza de mis hijos y que me guían cuando me enfrento a cualquier decisión respecto a su educación. Estoy seguro de que si mantienes estos principios en mente en el día a día, y también cuando se te planteen dudas acerca de la educación y la crianza de tus hijos, acertarás con tu decisión.

2.
Tu hijo es como un árbol

«Si logras ser algo distinto de lo que realmente puedes llegar a ser, seguramente solo llegarás a ser infeliz.»

ABRAHAM MASLOW

Posiblemente hayas contemplado alguna vez cómo un potrillo o cervatillo recién nacido intenta sostenerse sobre sus propias patas. Unos minutos después es capaz de alzarse y, aún tembloroso, dar sus primeros pasos detrás de su mamá. Para el ser humano, cuyas crías tardan alrededor de un año en dar sus primeros pasos –y, en algunos casos, cuarenta en emanciparse de casa de sus padres–, contemplar este espectáculo puede resultar fascinante. La necesidad de protección del humano recién nacido es absoluta. Ningún otro mamífero necesita de tanta protección como el bebé humano. Esto hace que, en la mente de muchos papás, su hijo se dibuje como un ser frágil y dependiente. Aunque esto

sea así durante ese primer año de vida, y en algunos sentidos prácticos durante los años venideros, me gustaría que al
finalizar este capítulo te quedaras con la idea de que tu hijo
es en esencia igual que el cervatillo, la cebra o el potro que
viste ponerse en pie al poco tiempo de nacer.

Es cierto que el bebé no es capaz de seguir los pasos de
su madre cuando sale del hospital donde esta dio a luz. Sin
embargo, es capaz de hacer algo igualmente fascinante. Si en
el mismo momento del alumbramiento el recién nacido es
acomodado sobre el vientre materno, lejos de quedarse tranquilo, comienza a trepar hasta vislumbrar la mancha oscura
del pezón de su mamá, y sigue escalando hasta conseguir
engancharse a él. Si has tenido el privilegio de presenciar
esta escena, coincidirás conmigo en que es un espectáculo
increíble para cualquier padre. Sin embargo, es algo totalmente natural. Cada ser humano está programado con el
empuje necesario para conquistar su autonomía y felicidad.
El concepto de que el ser humano tiene una tendencia natural a desarrollarse plenamente es una premisa bien extendida y aceptada en el mundo de la psicología y la pedagogía.
También es un principio básico de la biología: todos los seres vivos tienen una tendencia natural a crecer y a desarrollarse plenamente. En tierra fértil y con un mínimo de luz
y agua, una semilla de roble irá creciendo de una manera
imparable, engrosando y estirando su tronco, desplegando
sus ramas y abriendo sus hojas hasta alcanzar la talla y la
majestuosidad de un roble adulto. De la misma manera, un
pájaro desarrollará el plumaje, la fuerza en las alas y la des-

treza en el pico para volar, cazar lombrices y crear su propio nido, y una ballena azul crecerá hasta convertirse en el ser más descomunal de nuestro planeta. Si nada lo impide, todos los seres de la naturaleza tienen una tendencia natural a alcanzar todo su potencial. Tu hijo también. Los primeros que repararon en este principio fueron los psicólogos de la llamada corriente «humanista», hacia la mitad del siglo xx. Por aquel entonces, la psicología se debatía entre dos grandes escuelas: el psicoanálisis, que defendía principalmente que el ser humano estaba condicionado por deseos y necesidades inconscientes, y el conductismo, que destacaba el papel de las recompensas y los castigos en la determinación de nuestras conductas y de nuestra propia felicidad. Abraham Maslow, padre de la psicología humanista, defendía la tesis de que el ser humano, al igual que otros seres vivos, tiene una tendencia natural al desarrollo pleno. En el caso del cerezo, ese desarrollo pleno se traduce en el florecimiento de cada abril, y en ofrecer frutos dulces y deliciosos; en el caso del guepardo, desarrollarse plenamente significa correr más rápido que ningún otro animal terrestre, y en el caso de la ardilla significa ser capaz de tener una madriguera y hacer acopio de frutos secos para el invierno.

Para el ser humano, alcanzar el potencial tiene connotaciones que implican una mayor evolución que en las plantas o los animales, aunque el principio de desarrollo es el mismo. Dado que tu hijo tiene un cerebro complejo, que le permite sentir y pensar, desarrollar relaciones sociales y alcanzar metas, su naturaleza le pide un poquito más que a un pájaro. El cerebro humano muestra una tendencia natural a sentirse bien consigo mismo y con otras personas, a buscar su felicidad y a encontrar sentido a su existencia. Los psicólogos llamamos a este fin último de todo ser humano la «autorrealización», y sabemos que toda persona, si se reúnen las condiciones necesarias, tiende a ella. El mismísimo Steven Pinker, uno de los neurocientíficos que más ha estudiado la evolución de nuestro cerebro, asegura que la lucha por la vida, el deseo de libertad y la búsqueda de la propia felicidad forman parte de nuestro ADN. De acuerdo con Maslow, alcanzar su potencial significa para el ser humano sentirse bien con otras personas, sentirse bien consigo mis-

Pirámide de necesidades de Maslow

ABRAHAM MASLOW

Explorar, aprender, jugar, crear, descubrir el mundo
Autorrealización

Autoestima, confianza, respeto, sentirse valorado
Estima

Amor, cariño, amistad
Amor y pertenencia

Sentirse seguro, no amenazado, sin agresiones, sin miedos
Seguridad

Alimentación, agua, sueño, descanso, higiene
Necesidades vitales

Todo niño tiende a alcanzar su máximo potencial. Para ilustrar esto, Maslow creó una pirámide. A medida que las necesidades básicas de alimentación, seguridad, cariño y autoestima estén satisfechas, el niño tendrá mayor capacidad para perseguir y alcanzar todo su potencial.

mo y llegar a alcanzar un estado de armonía y satisfacción plena. En este sentido, Maslow ilustró esta tendencia al desarrollo con una pirámide de necesidades básicas que seguro que conoces, pero que he querido compartir contigo en esta versión dirigida a las necesidades de los más pequeños.

Como bien ilustra la imagen, al igual que un árbol necesita de unas condiciones mínimas para crecer y desarrollarse –básicamente, un poco de tierra firme, agua, luz del sol y espacio para crecer–, el cerebro de tu hijo también tiene unos pocos requisitos básicos. En el ser humano, la tierra firme, el primer nivel, equivaldría a una seguridad física que le proporciona el hecho de crecer con las necesidades básicas de alimentación, descanso e higiene cubiertas, así como un entorno de seguridad en el hogar libre de amenazas o malos tratos, que corresponde al segundo nivel. El tercer nivel, el agua con la que se riega el cerebro, no es otra cosa que el cariño de unos padres afectuosos que protegen y nutren emocionalmente al niño y facilitan que alcance una buena autoestima. En cuarto lugar, de la misma manera que el árbol necesita de espacio para desarrollarse, el niño necesita de la confianza y la libertad de sus padres ya que de otra manera su talento y deseo de explorar puede acabar ahogado por la inseguridad y falta de espacio que le transmiten sus padres. Finalmente, así como las ramas del árbol se estiran para alcanzar los rayos de sol, el cerebro del niño busca de manera natural estímulos que le permitan explorar, jugar, experimentar y descubrir el mundo de los objetos y de las personas que lo rodean en busca siempre de un desarrollo pleno. En distintos capítulos del libro iremos explorando estas cuatro condiciones básicas, pero imprescindibles, para un desarrollo cerebral pleno. Pero en este capítulo quiero enfatizar la importancia que tiene la confianza. Recuerda que tu hijo es como un árbol programado para crecer y desarrollarse plenamente. Ni sus maestros, ni sus padres, ni tu propio hijo saben todavía qué tipo de árbol llegará a ser. Con los años, llegarás a descubrir si tu hijo es una imponente secuoya, un chopo solitario, un cerezo lleno de frutos, una resistente palmera o un majestuoso roble. En lo que puedes confiar es en que el cerebro de tu hijo está programado para desarrollarse plenamente y alcanzar todo su potencial. En muchos casos, tu única labor será precisamente esa: confiar.

3.
Disfruta el momento

«La verdadera generosidad para con el futuro reside en darlo todo en el presente.»

ALBERT CAMUS

Hace aproximadamente cinco años caminaba apresurado hacia el tren que me lleva diariamente hacia mi trabajo cuando me encontré con nuestro carnicero. Muy sonriente, me dijo: «¡Buenos días! ¿Cómo lo llevas?». Por aquel entonces yo había empezado a llevar a mi hijo a la guardería cada mañana. Me despertaba una hora antes de lo habitual para poder arreglarme antes de que se despertara. Aunque siempre había soñado con tener una familia y me encantaban los niños, la verdad es que, como les ocurre a muchos padres primerizos, me encontraba desbordado por mis nuevas responsabilidades y por la pérdida de libertad. Por aquel entonces, el esfuerzo equivalía a despertarse dos veces, vestirse dos veces, desayunar dos veces e ir hasta el trabajo dos veces.

Era un cambio drástico con respecto a mi vida previa, en la que solo tenía que ocuparme de mí mismo. Estaba cansado, fuera de lugar y, en cierto sentido, me sentía desafortunado. Consecuentemente, respondí al carnicero quejándome de mi cansancio y lamentándome de mi falta de tiempo. Él, un hombre mayor y, como tal, más sabio que yo, me dio un consejo que nunca olvidaré: «Con los hijos, el tiempo pasa, y solo pasa una vez. Lo que dejes de hacer ahora no volverá. Lo perderás para siempre». En ese momento, de alguna manera, mi cerebro hizo clic. Desperté.

Disfrutar la paternidad

Ser papá o mamá es mucho más que una responsabilidad. Es un privilegio. Con frecuencia escucho a padres que, como yo aquel tercer día de guardería, viven la paternidad como una carga. Reparan una y otra vez en su pérdida de libertad, en el cansancio o en la frustración que supone criar a un hijo y parecen olvidar el disfrute que puede proporcionar la paternidad. Ser papá o mamá significa, indudablemente, renunciar o aplazar muchas cosas; el tiempo libre, los viajes, la carrera profesional o el descanso pasan a un segundo plano. Cualquier padre sabe que tener un hijo significa renunciar a vivir despreocupado para vivir muy muy ocupado. Desde mi punto de vista, toda esa renuncia solo tiene sentido si te compensa desde otra parte, y con los niños la mayor compensación es el disfrute.

Si sueles agobiarte por la responsabilidad del cuidado de tus hijos, quiero que intentes redirigir tu atención hacia algo más positivo. Cuando el cerebro cambia el foco de atención, es capaz de ver las cosas totalmente distintas. Fíjate en este dibujo.

Fue realizado en 1915 y representa a una esposa y a una suegra (el título original es *Mi mujer y mi suegra*, de W. E. Hill). ¿Eres capaz de ver a las dos? Lo curioso del dibujo es que, dependiendo del lugar de la lámina donde fijes tu atención, parecerá una joven o una anciana. Si te fijas en la parte del dibujo en la que las dos solapas del abrigo están a punto de juntarse, verás una prominente barbilla y el dibujo te parecerá la representación de una anciana. Si, en cambio, fijas tu atención sobre la parte de la cara que se encuentra justo bajo el sombrero, verás la silueta de una joven mujer con la cabeza ladeada. Anciana o joven. Suegra o esposa. La realidad es que ambas existen simultáneamente en el dibujo, pero no se pueden ver las dos a la vez. En cierto sentido, la experiencia de criar a un hijo es similar a este cuadro. Te puedes pasar toda la vida prestando atención a la cara amarga que supone el sacrificio o poner el foco de atención en la belleza de ver crecer a tus hijos.

Llevar a tu hijo dormido hasta su cama significa que se siente plenamente seguro entre tus brazos. Llegar tarde al trabajo porque os habéis parado a recoger piñones de camino a la escuela significa que esa mañana has podido saborear un momento mágico al lado de tu hija. Pasar una noche en vela porque al pequeño le están saliendo los dientes significa estar a su lado cuando lo está pasando mal, y renunciar a un día de trabajo por tener que ir a la función de la escuela significa estar presente en los momentos importantes de su vida. No te quepa duda, habrá momentos duros. Pero si quieres ir más allá de la supervivencia y tener una experiencia plena y satisfactoria como papá o mamá, te recomiendo que redirijas tu atención al lado hermoso de la paternidad y lo disfrutes con todas tus fuerzas.

Aprovecha el momento

Como anuncia la cita de Maria Montessori en la introducción de este libro, los primeros seis años son los más importantes en la vida de tu hijo. Durante esos años, se desarrolla la seguridad en uno mismo y en el mundo que nos rodea, desarrollamos el lenguaje, se asienta nuestra manera de aprender y las bases que en un futuro nos permitirán resolver problemas y tomar decisiones.

En este sentido, es muy importante que aproveches los primeros años de vida de tu hijo para estar con él y ayudarlo a desarrollar sus capacidades cognitivas y emocionales. No se trata de llevar a tu hijo a complejos programas de estimulación temprana ni de llevarlo a la mejor escuela infantil de tu comarca. En cada juego, en cada llanto, en cada paseo y en cada biberón hay una oportunidad para educar y potenciar el desarrollo cerebral de tus hijos. Lejos de la escuela y más lejos aún de las clases extraescolares, sabemos que durante estos primeros años de vida los padres y los hermanos son los que más influencia van a tener en su desarrollo y maduración. Los valores, las normas, la perspicacia, la memoria y la capacidad para afrontar problemas se transmiten a través del lenguaje, los juegos, los gestos grandes y pequeños, y todos los demás detalles –pequeños en apariencia– que configuran la educación. Todo este libro trata, precisamente, de darte herramientas y estrategias que tú puedes llevar a vuestra vida diaria, y que permiten que tu hijo aprenda sin presiones, sino más bien a través del juego y el disfrute. De una manera natural que ayude a construir una relación satisfactoria y duradera entre vosotros.

Disfruta el momento

Si para todas aquellas personas que están decididas a sacarle todo el jugo a la vida hay una máxima: «Aprovecha el momento» («*Carpe diem*»), para todos aquellos que queremos ayudar a nuestros hijos a desarrollar todo su potencial, la máxima debería ser: «Disfruta el momento». El disfrute debe ser parte fundamental del desarrollo del niño. La razón es muy sencilla: los adultos percibimos el mundo en forma de ideas, palabras y razonamientos, pero ¿te has parado alguna vez a pensar cómo perciben tus hijos el mundo? No todos los seres vivos percibimos el universo que nos rodea de la misma manera. Por ejemplo, el cerebro del perro percibe el mundo en forma de olores; el de los murciélagos, en forma de ruidos que se estrellan con su sónar; y el de las abejas, a través de impulsos electromagnéticos. De la misma manera, el niño, sobre todo durante los primeros años de vida, percibe el mundo de una manera completamente distinta a la que tú lo haces. El niño percibe el mundo, principalmente, a través de las emociones, el juego y el afecto.

En este sentido, jugar es clave para apoyar el desarrollar intelectual y emocional del niño. Está claro que el niño también puede aprender de unos padres poco o nada juguetones, pero el juego ofrece muchas ventajas. El cerebro del niño está diseñado para aprender a través del juego. Cuando jugamos con un niño, este entra en modo aprendizaje; todos sus sentidos se centran en la actividad, es capaz de permanecer concentrado, de fijarse en tus gestos y en tus palabras y de recordarlas mucho mejor que cuando lo instruimos o le ordenamos. Cuando jugamos con el niño, entramos en contacto emocional con él; el propio juego despierta sus emociones, pero también el contacto físico con su papá o su mamá, que lo sostienen, abrazan o mordisquean como parte del juego. Cuando un niño juega es capaz de interpretar papeles, de ponerse en el lugar del otro y de pensar en el futuro. Cuando un niño juega es capaz de pensar y de actuar con mayor inteligencia y madurez que las propias de su edad, porque el juego expande su mente como ninguna otra actividad. Si quieres adentrarte en el mundo de tu hijo y trabajar desde su perspectiva, te recomiendo que te sientes o te tumbes en el suelo y te pongas a su nivel. No hay mejor manera de captar la atención de un niño. Puedo asegurarte que, sin decir ninguna palabra, cualquier niño que haya en la habitación se acercará a ti, deseoso de jugar, feliz porque te has acercado a su mundo de emociones y de juego. Te invito a que te sientes en la primera fila de la vida de tus hijos. Y por eso te voy a recomendar en este capítulo, y a través de todo el libro, que te sientes en la alfombra y que utilices el juego y la diversión como herramientas de educación. Desde un lugar tan bajito como el suelo de tu casa, tendrás la plataforma más privilegiada desde la cual observar y participar en el desarrollo cerebral del niño. Disfrútalo.

4.
El ABC
del cerebro para padres

«La inversión en conocimiento paga el mejor interés.»

BENJAMIN FRANKLIN

Sé de primera mano que tener unos conocimientos básicos acerca de cómo funciona y se desarrolla el cerebro puede resultar tremendamente práctico para guiar a los padres en la educación de sus hijos. No hace falta ser un neurocientífico. Cuatro pinceladas bastan para que puedas entender algunas ideas fundamentales que te ayudarán a tomar decisiones y a guiar el proceso de educación de tus hijos. Durante todo el libro vas a encontrar información útil y práctica para ayudar a tu hijo a desarrollar todo su potencial. En este capítulo vamos a abrir las puertas del desconocido mundo del cerebro, para que entiendas su ABC; lo que todo padre debe saber para comenzar a ayudar a su hijo a desarrollar todo su potencial. Son tres ideas muy sencillas que vas a poder comprender y recordar a la perfección.

Conexión

Un bebé, al nacer, cuenta con casi la totalidad de los cien mil millones de neuronas que tendrá cuando sea mayor. La principal diferencia entre el cerebro del niño y el del adulto es que esas neuronas habrán desarrollado trillones de conexiones entre sí. A cada una de estas conexiones las llamamos «sinapsis». Para que te hagas una idea de la increíble capacidad de interconexión cerebral, ten en cuenta que estas conexiones pueden crearse en tan solo dos segundos, y que algunas neuronas pueden llegar a conectarse con otras quinientas mil neuronas vecinas.

Más interesante que estos números es el hecho de que cada una de esas conexiones puede traducirse en un apren-

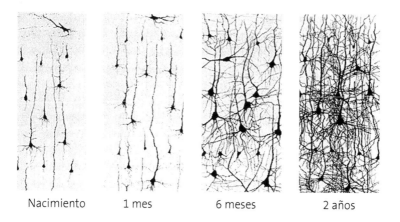

Nacimiento   1 mes   6 meses   2 años

dizaje que el cerebro del niño ha realizado. La posición, la fuerza y la dirección del dedo pulgar a la hora de agarrar su dinosaurio favorito quedan reflejadas en el cerebro del niño en distintas conexiones neuronales y, también, en la sensación de que cuando se concentra consigue lo que quiere. Cuando hablas con tu hijo, cuando lo besas, o simplemente cuando te observa, su cerebro realiza conexiones que lo ayudarán a afrontar su vida como adulto. En este libro voy a enseñarte a conectar con tu hijo para que él pueda realizar conexiones valiosas que le permitan conseguir sus metas y sentirse bien consigo mismo. Vamos a dedicar un capítulo entero a que aprendas cómo puedes ayudar a tu hijo a crear conexiones valiosas con mayor eficacia. De momento solo voy a pedirte que recuerdes que cada cosa que le enseñas a tu hijo va a quedar grabada en forma de conexión que, posiblemente, lo acompañará a lo largo de toda su vida.

Razón e intuición

La letra be, en este ABC del cerebro para padres, te va a resultar útil para ampliar tu concepción de la inteligencia de tu hijo y para ayudarlo a aumentar la confianza en sí mismo. La parte más externa del cerebro, a la que también llamamos «corteza cerebral», está dividida en dos hemisferios: el izquierdo y el derecho. El hemisferio izquierdo controla los movimientos de la mano derecha y es el dominante en la mayoría de las personas. Dentro de las funciones propias de este hemisferio se encuentra la capacidad de hablar, leer o escribir, de recordar los nombres de las personas, de ejercer el autocontrol o de mostrarnos proactivos y optimistas ante la vida. Podríamos decir que este hemisferio tiene un carácter racional, lógico, positivo y controlador. El hemisferio derecho toma el control de la mano izquierda y, al igual que ocurre con esta mano, su actividad intelectual suele pasar más desapercibida, aunque, como irás comprobando, sus funciones son igualmente importantes. Este hemisferio representa e interpreta el lenguaje no verbal, crea impresiones rápidas y generales, tiene visión de conjunto y es capaz de detectar los pequeños errores y corregirlos sobre la marcha. Su carácter es más intuitivo, artístico y emocional.

Hemisferio izquierdo

Establecer reglas y sistemas

Pensamiento lógico

Lenguaje

Reflexivo

Ciencia

Razón

Hemisferio derecho

Dar sentido a las partes

Pensamiento intuitivo

Creatividad

Emotivo

Música

Arte

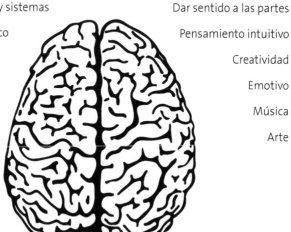

Con esta diferenciación no quiero decir que los zurdos sean más intuitivos y los diestros más lógicos (no se han encontrado este tipo de diferencias). Tampoco quiero que entiendas que los niños pueden ser intuitivos o racionales. En realidad, sabemos que todas las personas necesitan de las funciones de los dos hemisferios para tener un desarrollo cerebral pleno. Un pintor necesita tener una buena visión de conjunto –hemisferio derecho–, pero también necesita buen control de cada uno de sus trazos –hemisferio izquierdo–. De la misma manera, un abogado necesita recordar muchas leyes escritas –hemisferio izquierdo–, pero también defender el sentido general que las hace valer –hemisferio derecho–. A lo largo de la última parte del libro podrás aprender a apoyar el desarrollo cerebral de las distintas partes representadas en los dos hemisferios, pero también vas a poder entender cómo influye cada uno de ellos en el desarrollo emocional del niño.

Tres cerebros en uno

Posiblemente, el dato más útil que todo padre puede saber acerca del cerebro de sus hijos es el que voy a contarte a continuación. El cerebro humano ha evolucionado durante millones de años desde las formas de vida más primitivas hasta convertirse en la obra más compleja de la creación. Muchas personas creen que el fruto de toda esa evolución es un cerebro que nos permite razonar mejor. Sin embargo, la realidad difiere de esta concepción del cerebro como un órgano frío y calculador. Durante estos millones de años el cerebro ha ido creando estructuras que le han permitido encontrar alimento, evitar peligros, buscar seguridad y, por último, comunicarse y resolver problemas complejos eficazmente. Toda esta evolución ha quedado plasmada en un cerebro que, en lugar de ir transformándose en algo distinto de lo que fue, se ha actualizado y ha incorporado nuevas habilidades y herramientas, además de las que ya tenía. Los distintos pasos de esta evolución han quedado reflejados en la propia configuración del cerebro, permitiéndonos diferenciar entre unas estructuras más antiguas, altamente especializadas en procesar emociones, y otras más modernas, capaces de complejas operaciones intelectuales. Desde mi punto de vista, no se

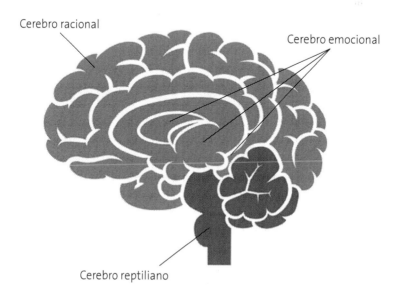

Cerebro racional

Cerebro emocional

Cerebro reptiliano

puede educar sin prestar atención a la educación de los distintos niveles o escalones que configuran el cerebro del niño.

Una metáfora que ayuda a todo el mundo a comprender las distintas etapas y estructuras que configuran el cerebro humano es la de que contamos con tres cerebros en uno solo.

El **cerebro reptiliano** es el más primitivo de todos y se encuentra en la parte inferior. Es el cerebro que compartimos con los reptiles y el que nos permite luchar por nuestra supervivencia. En este cerebro se encuentran estructuras que hacen latir nuestro corazón y nos permiten respirar, otras que regulan los estados de alerta (estar despiertos o dormidos), detectan los cambios de temperatura y la sensación de hambre.

En un segundo nivel tenemos una serie de estructuras que llamamos **cerebro emocional**. Este cerebro fue desarrollado por los primeros mamíferos y basa su funcionamiento en la capacidad de distinguir emociones agradables y desagradables. Así, este cerebro se activa para evitar sensaciones desagradables (peligros, amenazas y situaciones que nos producen miedo) y para buscar y perseguir emociones agradables (alimentarnos, estar con personas que nos hacen sentir seguros, que nos dan cariño).

En el último escalón, el más evolucionado, podemos encontrar el **cerebro racional** o superior. Aquel que distingue a los humanos de otros animales y que nos permite tener conciencia de nosotros mismos, comunicarnos, razonar, ponernos en el lugar del otro o tomar decisiones basadas en un pensamiento más lógico o intuitivo.

Como puedes ver, lejos de ser solamente un órgano frío y racional, el cerebro humano es un órgano de razón, sentimientos y emociones. De hecho, en el niño son los cerebros reptiliano y emocional los que llevan la voz cantante. Hasta el año de vida, los padres deben interaccionar principalmente con el cerebro primitivo del niño. En este nivel, de poco o nada sirve razonar con un bebé que se siente molesto o hambriento, ya que no es la parte racional del cerebro la que puede atajar el problema. La única salida está en satisfacer sus necesidades y reconfortar al bebé cuando tiene hambre, frío o sueño. A partir del primer año de vida, la parte emocional del cerebro convive con la reptiliana, y los padres deben manejar distintos tipos de estrategias para ser capaces de dialogar tanto con los instintos más primitivos del niño como con sus necesidades emocionales de amor y seguridad. En este nivel, los límites, la empatía y, sobre todo, el afecto van a ser las estrategias más útiles para cualquier padre. Un poco más adelante, alrededor del tercer año de vida, el cerebro racional cobra un gran protagonismo en la vida del niño. Es capaz de controlar sus instintos básicos y de dejarse guiar por su razón, su intuición y su voluntad. A pesar de ello, todavía necesita grandes dosis de afecto y comprensión para lograr dominar su cerebro emocional y, cuando está cansado, con sueño y hambriento (especialmente al finalizar el día), su cerebro reptiliano todavía puede tomar el control sobre su comportamiento. En estos casos, el llanto del niño es un llanto que difícilmente encuentra consuelo en las palabras del adulto, y solo busca, al igual que el bebé, que se satisfagan sus necesidades más primarias, esto es, que se lo alimente o se lo deje dormir. A continuación te he preparado una tabla que puede resultarte útil para conocer cómo puedes lidiar con cada nivel de procesamiento cerebral.

Parte del cerebro	Experiencia del niño	Estrategias efectivas
Cerebro reptiliano	Tiene hambre, sueño, dolor. Llora desconsoladamente.	Satisfacer su necesidad. Calmar su molestia.
Cerebro emocional	Se siente ilusionado, asustado, frustrado, enrabietado, quiere conseguir algo.	Ayudarlo a conseguir lo que quiere, a conformarse con lo que no puede tener, empatizar. Darle seguridad y afecto.
Cerebro racional	Recuerda hechos relevantes, quiere trazar un plan para conseguir algo, quiere concentrarse. Se siente insatisfecho o preocupado.	Ayudarlo a pensar, a concentrarse o a recordar. Ayudarlo a conectar con su cerebro emocional.

El padre o la madre inteligentes son capaces de establecer un diálogo con cada una de las partes del cerebro del niño en el momento en que estas llevan la voz cantante. Así, la mamá de un niño que está disgustado porque su maestro no lo ha elegido para ser el encargado de la clase, podrá hablar con él y ayudarlo a comprender tanto sus deseos como sus sentimientos. El papá de un niño que se muestra alegre y con ganas de jugar se tumbará en el suelo para jugar con él, y la mamá del niño que está frustrado y enfadado porque es muy tarde decidirá cambiar la cena por un vaso de leche para facilitar que el niño tenga el descanso que tanto necesita. Tener en cuenta estos tres niveles de procesamiento cerebral puede ser de gran utilidad para ayudar al niño a calmarse y a avanzar en todo tipo de situaciones del día a día. A lo largo de los próximos capítulos vamos a profundizar en estrategias que te van a ayudar a conectar con los distintos niveles de procesamiento cerebral, y, lo que es más importante, a que enseñes a tu hijo a dialogar con todas las partes de su cerebro.

5.
Equilibrio

«Una buena cabeza y un buen corazón hacen una combinación formidable.»

NELSON MANDELA

Desde mi punto de vista, uno de los pilares fundamentales que todo padre o educador debe tener en mente a la hora de educar a sus hijos es el equilibrio. Los budistas llaman a este equilibrio «camino medio», y según ellos es una de las maneras de alcanzar la sabiduría. En este libro vamos a prestar mucha atención al equilibrio en la educación de los hijos. En primer lugar, vamos a detenernos a ver la importancia de favorecer un desarrollo equilibrado entre el cerebro emocional y el racional. En segundo lugar, vamos a hablar de equilibrio como la capacidad de tener un sentido común a la hora de educar al niño y tomar decisiones respecto a su cuidado.

Cerebro emocional y cerebro racional

La mayoría de los papás y las mamás quieren para sus hijos dos cosas: que sean felices y que puedan valerse por sí mismos. En muchos casos, invierten gran esfuerzo en su formación académica, con el convencimiento de que una mente brillante abrirá todas las puertas que pueden llevar a que una persona se sienta feliz. Trabajo, amor, amistades, éxito y cierto grado de confort. Sin embargo, la asunción de que un mayor desarrollo intelectual promueve una mayor felicidad es totalmente desacertada. La realidad es que la correlación entre inteligencia racional e inteligencia emocional es cero. Para los que no están acostumbrados a las estadísticas, traduciré este dato: no existe ninguna relación entre la capacidad intelectual y la capacidad emocional de una persona. Este es un dato que, seguro, has podido comprobar. El mundo está lleno de personas con capacidades de sobra en lo intelectual, pero que no tienen empatía, padecen estrés crónico o, teniendo todo el éxito posible, no consiguen encontrar la felicidad. A su vez, seguro que has conocido personas sin estudios, con un desarrollo intelectual humilde y que, sin embargo, son cálidas, acogedoras y llenas de sentido común. Para la persona que se considera inteligente, no hay nada más molesto que encontrar un tonto más listo que él. Y que conste que digo tonto con todo el respeto del mundo.

La razón de que pueda existir esta discrepancia es muy sencilla. Como ya hemos visto, la inteligencia emocional y la racional se localizan en áreas bien diferenciadas del cerebro, y, por lo tanto, son independientes. Mientras que toda la corteza racional trata de conseguir que el niño se relacione con el mundo a través de sus habilidades intelectuales, el cerebro emocional es gobernado por las leyes de las emociones. Si para el cerebro racional un mayor análisis de la situación invita a llevar a un mejor resultado, para el cerebro emocional son las primeras impresiones y la propia experiencia las que dirigen el proceso de toma de decisiones. No es que haya un estilo de pensamiento mejor o peor, sino que distintas circunstancias requieren de una mayor inteligencia emocional o intelectual. Es más, sabemos que las personas que son capaces de equilibrar un buen tándem entre estos dos cerebros no son solo las más felices, sino también aquellas con mayor capacidad de alcanzar sus metas. En este sentido, una educación equilibrada es aquella que presta tanta atención al cerebro intelectual como al cerebro emocional. No solo para que cada uno de ellos se desarrolle plenamente, sino, sobre todo, para que sepan dialogar entre sí y el niño pueda llegar a ser un adulto que vive sus emociones, sus sentimientos y sus pensamientos con armonía.

Educar con sentido común

Posiblemente, uno de los errores más comunes entre los padres, en lo que a la educación se refiere, es irse a los extremos. Curiosamente, esta actitud es relativamente frecuente entre los padres que más leen y que se informan acerca de cómo deben educar a sus hijos. Los extremos suelen darse en cualquier dirección, pero el «padre fundamentalista» tiene ideas fijas y exactas acerca de cuánta leche debe tomar su bebé en cada toma, cuán esterilizados deben estar los biberones, cuántos meses, semanas y días debe tomar el pecho el bebé para su adecuado desarrollo inmunológico o cuántos abrazos, besos y caricias debe recibir antes de que se le puedan empezar a poner límites. Estos padres suelen tener las mejores intenciones y basan sus dogmas en teorías bien fundadas, a veces mal interpretadas, y, casi siempre, llevadas al extremo. Quizá los padres deberían leer solamente uno o dos libros sencillos acerca de educación. Como neuropsicólogo, puedo asegurarte que cuando el cerebro recibe un exceso de información o esta es contradictoria reacciona de manera ansiosa, lo que provoca que la persona se aferre solo a una parte de la información y olvide otros datos igualmente importantes y complementarios.

Para todos aquellos padres que se han visto reflejados en la descripción de padre o madre «fundamentalista», los que sienten que hay unas normas claras para educar a sus hijos, solo puedo decirles que, si criar a un hijo fuera tan complejo, milimétrico, absoluto o exacto como ellos creen, nuestra especie se habría extinguido hace millones de años. Si un destete algo prematuro, un biberón no esterilizado, un abrazo no dado o una noche sin la pomada del culito fueran realmente tan importantes como ellos creen, pueden estar seguros de que no habría ni un solo ser humano sobre la faz de la Tierra. La realidad es que los niños crecen sanos y felices en una tribu esquimal, en medio de la selva o viajando con una caravana de camellos por el desierto. La realidad es que no hay que medir al milímetro las cucharadas de cereales que ponemos en el biberón, no pasa nada por quedarnos una noche sin loción hidratante y tampoco porque el niño experimente la frustración de que su mamá decida terminar de vestirse antes de tomarlo en brazos. La realidad es que criar a un hijo es algo mucho más sencillo e instintivo de lo que a veces creemos.

Respecto a la crianza del niño, hay evidencias que apuntan a que los extremos no son positivos. Veamos algunos ejemplos. Como todo el mundo sabe, los gérmenes pueden provocar infecciones y trastornos digestivos. Muchos pediatras recomiendan que durante los primeros meses de vida se esterilicen los biberones, los chupetes y las tetinas, con el fin de proteger el sistema inmunitario del bebé frente a las enfermedades. En algunos casos, la obsesión por eliminar los gérmenes se convierte en una fiebre por crear un mundo completamente estéril. Sin embargo, sabemos que este extremo no es beneficioso para el niño. Según un reciente estudio realizado en Suecia que publicó la prestigiosa revista *Pediatrics*, parece que hay mejores alternativas a la esterilización. Según estos investigadores, cuando el chupete cae al suelo, los padres que se lo meten en la boca para limpiarlo antes de devolvérselo a sus hijos –sin mojarlo en agua ni nada–, están aportando a sus hijos una mayor diversidad bacteriana en el sistema digestivo, que beneficia a su sistema inmunitario. Estos niños experimentan asma y eccemas en la piel con menor frecuencia que sus compañeros que lo reciben todo debidamente esterilizado. Otra de las creencias polarizadas es que a los niños es mejor ponerles pocos límites, y, en el otro extremo, que hay que ponerles muchos. En el primer caso, el niño puede crecer carente de normas y eso puede repercutir en falta de confianza, puesto que no tiene interiorizado lo que debe hacer y lo que no. En el segundo caso, puede crecer demasiado autoconsciente y, al igual que el primero, falto de confianza porque, en su caso, se siente demasiado vigilado. De la misma manera, hay creencias extremistas respecto a la metodología más adecuada para conseguir que el bebé duerma solo. Algunas mamás pelean con uñas y dientes contra todo aquel que les aconseje que el bebé debe comenzar a dormir solo a partir de cierta edad, y otras se empeñan en que su hijo lo consiga con la misma fuerza que las primeras. Estas últimas defienden que enseñar al niño autonomía desde bien pequeño es muy importante, mientras que las primeras defienden a ultranza el contacto físico para evitar que el bebé o el niño experimenten angustia o frustración. A todas las que una amiga, un libro o sus propias creencias las han llevado a tomar una postura firme sobre el tema, se les olvida que hay un camino medio: el de ayudar con ternura y confianza a que tu hijo esté calmado cuando lo pones a dormir.

Durante todo el libro voy a guiarte por un camino intermedio que te va a permitir sentirte cómodo con la crianza de tus hijos, e influirá en ellos a la hora de desarrollar una mente equilibrada, con capacidad para pensar con claridad, y a la hora de sentirse bien consigo mismos y con los demás.

PARTE II
Herramientas

6.
Herramientas para apoyar el desarrollo cerebral

«Los grandes artistas observan la naturaleza y toman prestadas sus herramientas.»

THOMAS EAKINS

Uno de los rasgos más característicos del cerebro humano es su capacidad para diseñar y utilizar herramientas. Las herramientas nos han acompañado desde nuestra aparición como especie y han sido una de las principales claves de nuestro progreso y evolución. Gracias a las herramientas, el ser humano –relativamente lento en comparación con otros animales– fue capaz de cazar y alimentarse de carne. El cambio en la alimentación de una dieta basada en frutas y hojas a una rica en proteínas permitió que nuestro organismo dedicara menos energía a hacer la digestión, por lo que pudo destinar esas calorías extras a la increíble aventura de pensar. Asimismo, el aporte de proteínas permitió que pudiéramos convertir esos pensamientos en conexiones cerebrales, lo que hizo crecer nuestro cerebro a un ritmo vertiginoso. A medida que el hombre desarrollaba su inteligencia, el cerebro diseñó otra herramienta que revolucionó sus posibilidades: el lenguaje. Esta fue la herramienta definitiva para transmitir conocimientos sobre dónde se encontraban las manadas de animales, para compartir y diseñar estrategias de caza, para explicar cómo se hallaba agua sin tener que acompañar a la persona y pensar así en el futuro en grupo. El diseño de herramientas ha seguido evolucionando y nos ha ayudado a progresar como especie. Ahora mismo, como lector tienes entre tus manos una herramienta que te permite conocer otros puntos de vista y aprender a través de la experiencia que otro ser humano te transmite en estas líneas.

Como ves, las herramientas han sido una constante en la evolución y su éxito radica en que nos permiten progresar, haciendo fácil lo difícil. En todos los trabajos y profesiones, los seres humanos utilizan herramientas, bien sean el martillo y el clavo, la fregona y el cubo, los guantes y el bisturí, la pizarra y la tiza o la pantalla y el teclado. Sin embargo, en la labor de educar a sus hijos los padres tienen pocas herramientas a su disposición. Existen todo tipo de herramientas para la protección, el cuidado y el transporte de los bebés, como los carritos de paseo, las sillitas para el coche, las hamacas, las tronas, los biberones, los baberos, los chupetes, los pañales, las cremas o las bolsas para llevar chupetes, pañales y cremas. Sin embargo, aparte de los libros y los juguetes educativos, los padres no disponen de herramientas reales que hagan su difícil labor algo más fácil. Como decíamos, la pantalla, el teclado, la pizarra y la tiza son herramientas fundamentales para, por ejemplo, un abogado y un maestro. Sin embargo, en ambos casos la mejor herramienta no es otra que el conocimiento. Para un abogado, su principal herramienta de trabajo es el Código Penal y la jurisprudencia, y, para un maestro, los conocimientos sobre pedagogía, psicología y maduración infantil. Desde mi experiencia, hay cinco herramientas que pueden apoyar a todo padre y a toda madre en su complicada tarea de educar al niño. Los psicólogos, los pedagogos y los educadores llevan siglos usando estas herramientas, y los neurocientíficos, décadas estudiando por qué y cómo funcionan, pero puedo asegurarte que, si se usan adecuadamente, todas ellas tienen la capacidad de contribuir a un desarrollo cerebral equilibrado. Pero no basta tenerlas en la mano para saber utilizarlas. Adquirir destreza en el uso de estas herramientas requiere de tiempo y práctica, pero todo el mundo puede llegar a darles buen uso si entiende cuándo debe utilizarlas y presta atención a sus propios aciertos y errores.

A continuación vas a poder aprender a utilizar cinco herramientas que son especialmente útiles en la educación del niño. No son las únicas herramientas de las que disponemos –posiblemente, el juego y el afecto son aún más importantes–, pero sí son las herramientas que, considero, pueden necesitar un manual de instrucciones, pues muchos padres se pierden a la hora de utilizarlas.

7.
Motivar la conducta del niño

«Nunca desmotives a alguien que está progresando, por muy despacio que lo haga.»

PLATÓN

El ser humano se mueve por motivaciones. Tu jefe se mueve por motivaciones, tus amigos se mueven por motivaciones, tú actúas en función de tus motivaciones, y el niño también. Hay motivaciones de todo tipo, como adquirir conocimiento, ganar dinero, resultar atractivos a los demás, pasarlo bien o no estar al lado de alguien... Todas ellas suelen responder a tres principios: aprender y desarrollarse, recibir amor y reconocimiento de los demás y evitar el malestar. Al igual que los adultos buscan el éxito, la satisfacción, el poder económico o el amor, y evitan el rechazo y la crítica, el cerebro del niño también busca en su día a día la satisfacción de sus necesidades internas de seguridad, desarrollo y amor. Cuando el niño juega, dice su primera palabra o hace un dibujo está siendo motivado por el deseo de aprender y de desarrollarse. Cuando te enseña el dibujo o te pide que juegues con él, está buscando tu amor y reconocimiento, y, finalmente, cuando se esconde detrás de tu falda por vergüenza, le quita un juguete a un niño porque él lo quería o se enrabieta cuando no consigue lo que quiere, está evitando el malestar.

Una parte muy importante de la labor de los padres consiste en enseñar al niño a conseguir satisfacer sus motivaciones dentro de la cultura en la que vive. Sabemos que en cada cultura y en cada casa las normas pueden ser distintas. A mí me gusta ver a mis hijos descalzos por la casa y, sin embargo, en otros hogares es una norma llevar zapatillas. Se podría decir que hay tantas reglas como padres, pero siempre es la misma parte del cerebro del niño la que se encarga de acomodar las normas de la cultura y de la familia para que pueda satisfacer sus deseos, de acuerdo con las normas que marcan la sociedad y la familia en la que vive. Para poder acomodar con éxito las normas en el cerebro y permitir así que el niño sea capaz de conseguir sus metas, siguiendo las «reglas del juego», tienen que darse dos condiciones. En primer lugar, se debe asegurar que el niño reciba la recompensa adecuada cuando su conducta es adecuada. En segundo lugar, se deben marcar las normas estableciendo límites y haciéndolos valer.

Más adelante hablaremos de cómo puedes marcar límites y hacerlos valer. En este capítulo voy a enseñarte cómo puedes motivar el comportamiento del niño para que pueda satisfacer sus necesidades y conseguir aquello que quiere de una manera adecuada. Para ello hablaremos de cómo los buenos modelos influyen en el niño y de cómo las recompensas dirigen su comportamiento. Empecemos por los primeros.

Mostrar buenos modelos de actuación

Los niños desarrollan una parte considerable de sus habilidades intelectuales y emocionales a través de la observación y de la imitación. Si tienes más de un hijo, serás capaz de recordar infinidad de situaciones en las que el hermano pequeño imitaba al mayor. De la misma manera, los dos te imitarán a ti, en lo bueno y en lo malo. Este tipo de imitación es una forma muy primaria de aprendizaje y de desarrollo cerebral. Las cebras jóvenes huyen de los leones simplemente porque todas las demás cebras lo hacen. Exactamente de la misma manera, los niños que han visto a su madre gritar despavorida ante una araña desarrollan miedo a las arañas. El cerebro dispone de un circuito de neuronas cuyo principal fin es aprender a través de la observación. Cada vez que el bebé observa cómo su papá dice su nombre, este circuito, conocido como «neuronas espejo», comienza a imaginar que sus labios y su lengua toman la misma posición. Cuando el niño ve a su madre ser respetuosa y afrontar los problemas con calma, o, por el contrario, perder los nervios y tratar a otra persona con desdén, su cerebro es capaz de imaginarse a sí mismo actuando así, como un espejo que refleja lo que ve. Las neuronas espejo ensayan silenciosamente muchos de tus comportamientos y programan el cerebro del niño, a modo de preparación, para que este pueda repetirlos en situaciones similares.

Cuando el niño ve a su padre frustrarse con enfado,
su cerebro se imagina igual de enfadado.

Así que la primera lección en el proceso de promover conductas adecuadas es que ofrezcas buenos modelos que el niño pueda imitar. De poco sirve que intentemos, con todas nuestras ganas, que nuestro hijo desarrolle un estilo de pensar positivo si los comentarios que escucha de su padre o de su madre son pesimistas. Es casi imposible inculcar el respeto a los demás si el niño escucha a sus padres criticar y criticarse. Difícilmente vamos a transmitir al niño la fuerza para defenderse ante el abuso si ve que nos dejamos avasallar una y otra vez por nuestro jefe, por nuestra hermana o por nuestro esposo. Si para ti es importante que tu hijo sea sincero, sé sincero con él y con las demás personas. Si es importante que coma pescado, sírvete un buen plato de merluza, y si es importante que disfrute y sea feliz, empieza por disfrutar tú mismo de los pequeños y grandes momentos que te brinda la vida. En este sentido, te invito a que aproveches el hecho de ser padre como una oportunidad de ser el mejor tú. Todo padre, toda madre y todo maestro tienen la responsabilidad de educar desde el ejemplo y, por tanto, puedes utilizar esa oportunidad en beneficio propio. Demuestra a tu hijo cómo se comporta el mejor tú, demuéstrale cómo defiendes tus derechos, cómo alcanzas tus metas en el trabajo, en las relaciones sociales o en tu búsqueda de felicidad. Puedo asegurarte que el cerebro de tu hijo absorberá las enseñanzas de tu ejemplo como una auténtica esponja.

Ser el mejor tú no implica que debas mostrarte perfecto, porque ni tú ni nadie lo es. No tengas miedo de mostrarte tal como eres. Mis hijos me han visto reír, llorar, enfadarme, pedir perdón, equivocarme y acertar. Intento no ocultar nada y mostrarme tal como soy. Sin embargo, también intento explotar todo mi repertorio de conductas como ser humano en su favor. Cuando me siento triste, les demuestro que es bueno expresar sus emociones y pedir ayuda. Cuando me enfado, intento hacerlo de una manera adecuada y mostrarles que su padre, al igual que todo el mundo, tiene derecho a enfadarse. También cuando estoy alegre o cuando experimento emociones positivas se las transmito. Y en aspectos como la salud, he intentado mejorarme a mí mismo para ser un buen ejemplo para ellos. Dos semanas después de que naciera mi primer hijo, dejé de fumar. Era un fumador empedernido y nadie en mi entorno pensaba que sería capaz de dejarlo. Sin embargo, al reflexionar sobre la influencia que mi propia imagen tendría sobre mi hijo, decidí que no quería que tuviera el ejemplo de un padre fumador grabado en su cerebro. Medité un día, y lo dejé de golpe, sin parches ni medicinas. Motivado únicamente por el deseo de ser un buen ejemplo para mis hijos.

«Tu hijo va a mirar hacia ti como modelo de persona. Demuéstrale cómo actúa la mejor versión de ti mismo.»

Reforzar las conductas positivas

Si tuviera que señalar una única herramienta que sea determinante en la educación de un hijo, no tendría ninguna duda en elegir como la más importante de todas ellas la capacidad de reforzar las conductas positivas del niño. Puedo asegurarte que si sabes recompensar al niño, si sabes cuándo y cómo debes premiar su conducta, habrás ganado el 90 % de la batalla de la educación y que, asimismo, la crianza de tus hijos será infinitamente más satisfactoria para ambos.

Reforzar significa recompensar. Recompensamos cuando damos al niño algo valioso después de que realice una acción. Las recompensas pueden ser de todo tipo: desde un premio material, como un juguete, hasta una sonrisa, aunque, por lo general, la recompensa que las personas más valoramos es el reconocimiento de los demás. Lo más interesante de las recompensas no es lo que haces tú ni lo que hace el niño, sino lo que ocurre en su cerebro cuando es recompensado. Cada vez que el niño se siente recompensado, unas neuronas muy especiales, situadas en la región del cerebro que controla la motivación, segregan una sustancia que conocemos como «dopamina». La dopamina permite que el cerebro del niño asocie la conducta realizada con la sensación de satisfacción o recompensa. Poniéndolo de la manera más sencilla posible, podríamos decir que la satisfacción produce dopamina y la dopamina permite que dos ideas, que dos neuronas, se unan entre sí. Voy a ponerte un ejemplo muy claro para que puedas entenderlo a la perfección. Si un buen día, llevado por la curiosidad, tu hijo abre una caja que guardas en un armario de la cocina y descubre que está llena de galletas de chocolate, su cerebro experimentará inmediatamente una gran satisfacción. Esa satisfacción le permitirá asociar este acto en particular –y curiosear, en general– con la *sensación de satisfacción*. Con gran rapidez, las neuronas asociadas con el hambre se conectarán con las que representan la caja de galletas.

Cuando abro la caja de galletas, sacio mi hambre
y me siento bien.

Esto tan sencillo que acabas de entender es el mecanismo básico del aprendizaje. Gracias a la recompensa que ha obtenido, el niño ha **aprendido** que esa caja contiene un montón de galletas de chocolate que pueden saciar su necesidad de azúcar. Esta es una idea muy poderosa, porque todo padre, cuando está intentando educar a su hijo, en definitiva lo que quiere es que aprenda, que realice conexiones en su cerebro que le permitan ser autónomo, conseguir sus metas y ser feliz. El niño va a aprender de ti hábitos, formas de pensar, principios, valores y conocimientos. Si consigues asociar las acciones que crees que son beneficiosas para él con la recompensa de que se sienta satisfecho o reconocido, lo ayudarás a que su conducta esté motivada de una manera adecuada.

Las aplicaciones de este principio tan básico que acabas de aprender son casi infinitas: desde ayudar a tu hijo a olvidarse del pañal, hasta prevenir problemas de comportamiento, pasando por la motivación del gusto por la lectura y la facilidad de tener pensamientos positivos o de realizar tareas básicas como el vestido y la alimentación. Cuando aprendas a reforzar a tu hijo adecuadamente, podrás comprobar cómo los enfados y la frustración son mucho menores, porque su cerebro aprende antes lo que es y no es adecuado en cada momento. Vayamos con ello.

Cómo reforzar

Hay muchas maneras de reforzar; algunas son eficaces, otras, ineficaces y otras, incluso, contraproducentes. Cuando recompenses a tu hijo debes hacerlo de una manera *proporcionada*. Para el cerebro del niño no tiene ningún sentido que el hecho de apagar él solito la tele cuando se lo piden tenga como recompensa un muñeco de *Star Wars* ni que meterse en la bañera sin rechistar solo merezca un «muy bien». De la misma manera, sabemos que las recompensas más eficaces son las que van *en sintonía* con la conducta, por lo que si el niño se ha metido en la bañera cuando se lo has pedido, el mejor refuerzo sería llenar el baño de espuma o bañarnos con él, y si ha apagado la tele, el mejor refuerzo sería hacer algo que se pueda llevar a cabo con la tele apagada, como organizar una pelea de cojines.

El tipo de refuerzos o recompensas que elegimos también son muy importantes, porque hay algunos que son poco eficaces o, incluso, contraproducentes y otros que son más satisfactorios para el niño y, por lo tanto, más efectivos. Por lo general, y aunque pueda parecerte lo contrario, los refuerzos materiales son menos gratificantes y, en consecuencia, menos efectivos que los refuerzos emocionales. En este sentido, el muñeco de *Star Wars* es menos efectivo que la batalla de cojines, insisto, aunque parezca lo contrario. Esto es así por dos motivos: en primer lugar, porque el cerebro asocia mejor grupos de neuronas que están próximos, es decir, asocia mejor una conducta socialmente adecuada –apagar la tele– con una actividad social –jugar a los cojines–, que con un objeto material –el muñeco de *Star Wars*–. En segundo lugar, porque el juego con el adulto provoca una reacción emocional distinta que la del muñeco; el juego con el adulto es más efectivo a la hora de activar las neuronas que crean dopamina, y, por lo tanto, el refuerzo de la conducta adecuada es más fuerte. Como se puede ver en la siguiente representación, en el segundo caso, la cantidad de conexiones –la asociación que se creará entre las neuronas– es mayor que en el primero.

Recompensa material   **Refuerzo emocional o social**

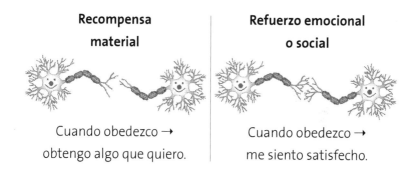

Cuando obedezco → obtengo algo que quiero.   Cuando obedezco → me siento satisfecho.

El peligro de utilizar recompensas materiales va más allá de que no resulten eficaces. Cada vez que das un refuerzo a tu hijo estás dándole un mensaje, lo estás educando en valores. Si cuando obedece o ayuda juegas con él o se lo agradeces, entenderá que cooperar lo une a los demás, y que esto es un valor importante. Si, en cambio, cuando hace las cosas bien le compras un juguete, entenderá que tener cosas es algo realmente valioso en la vida y que cuando sea mayor seguramente necesitará tener muchas cosas para sentirse satisfecho o recompensado. Si crees que hay alguna posibilidad de que tu hijo o hija no vaya a ser millonario de mayor y de que no se pueda comprar en cada momento el capricho que le haga sentir especial o importante, es muy posible que estés programando a tu hijo para sentirse poco valioso y desdichado. Aun si estuvieras seguro de que cuando tu hijo sea mayor va a nadar en la abundancia, utilizar recompensas materiales seguirá siendo una mala estrategia porque aprenderá más lento y no llegará a entender bien el valor del cariño o de la ayuda mutua. Desde mi punto de vista, sin lugar a dudas, cuantas menos recompensas materiales, mejor.

Algo similar ocurre con la comida. Si enseñas a tu hijo que cada vez que tenga una buena conducta disfrutará de una chuchería, dulce o bolsa de patatas fritas, le estarás haciendo un flaco favor (o no tan flaco). Los dulces y los productos ricos en grasas pueden provocar una rápida subida de azúcar que, para el cerebro del niño, resulta realmente placentera. En cuanto a la química cerebral, resulta difícil competir con el subidón de azúcar de una chocolatina y, posiblemente, cuando crezca y quiera sentirse satisfecho, su cerebro demandará un dulce o algún otro producto que sacie esa dependencia del azúcar que le hemos generado. Si no quieres que tu hijo utilice la comida como una forma de sentirse bien consigo mismo, te recomiendo también que no la utilices como recompensa. En algunos casos, se puede reforzar con actividades que impliquen tomar un dulce; si, por ejemplo, durante el verano el niño se está comportando adecuadamente, podemos recompensarlo con una excursión a la heladería, una actividad en la que el paseo con el papá o la mamá es tan importante como el helado.

Sin embargo, y como regla general, te recomiendo que estimules a tu hijo con una recompensa social. Es decir, que le agradezcas, lo felicites, le otorgues algún pequeño privilegio, como ayudarte a sacar la basura, o que le regales tu tiempo para sentarte en el suelo y jugar al juego que él prefiera. A continuación puedes ver una lista de recompensas, ordenadas en función de su eficacia e ineficacia.

Recompensas eficaces	Recompensas poco eficaces
• Pasar tiempo jugando a lo que el niño quiera.	• Juguetes y otros premios materiales.
• Darle una responsabilidad (llevar las llaves).	• Comida.
• Darle un privilegio (elegir la cena).	• Indicarle que lo ha hecho bien, pero puede hacerlo mejor.
• Decirle que lo ha hecho bien.	• Felicitarlo delante de los demás hasta hacerle pasar vergüenza.
• Felicitarlo.	
• Darle las gracias.	

Es muy importante que tengas en cuenta los gustos y las preferencias de tu hijo a la hora de seleccionar las recompensas. A unos niños les gusta ayudar a sus padres a cocinar y otros prefieren ayudar a lavar el coche. Para algunos niños el mejor refuerzo será pintar con su madre y para otros que leáis juntos un buen cuento.

Sea como fuere, intenta recordar que la recompensa no debe ser el motor del niño, sino la consecuencia agradable que ayude a que las conductas positivas se repitan y se motiven espontáneamente. De poco sirve que el niño recoja los platos a cambio de un rato de colorear con mamá, porque no aprenderá la importancia de cumplir con su responsabilidad, sino la utilidad de hacerlo. En este sentido, es importante que tengas en mente que los refuerzos deben darse después de que el niño haya hecho algo valioso («Has recogido tan bien los platos que esta noche vamos a leer dos cuentos») y que no conviene ofrecerlos como una moneda de cambio («Si recoges bien los platos, leeremos los cuentos»). Aunque puede parecer una diferencia sutil, para el cerebro del niño tiene una enorme importancia, porque está aprendiendo dos cosas distintas. Además, en el primer caso, el niño gana en confianza y satisfacción. En el segundo caso, sentirá que sus padres no confían en él y que es más como un burro que necesita una zanahoria para comportarse adecuadamente.

«¡Qué bien has recogido los platos! ¡Vamos a leer dos cuentos!»

Cuando cumplo con mi deber, me siento bien.

«Si recoges bien los platos, leeremos dos cuentos.»

Cuando hay una recompensa, cumplo con mi deber.

Cuándo reforzar

1. **Cuando sea necesario.** Lo primero que debes saber es que el refuerzo es algo natural que ocurre en la vida. Cuando un niño investiga y encuentra algo interesante, experimenta satisfacción; cuando habla a su hermano de unos pocos meses de edad y este lo mira, experimenta satisfacción, y cuando el bebé es correspondido por su hermano mayor, también experimenta el placer de conectar con otro ser humano. No es necesario que recompensemos y premiemos cada cosa que hace nuestro hijo, porque las palabras de reconocimiento pueden perder valor si se repiten en exceso. Lo ideal es recompensar cuando apreciemos un progreso, una actitud nueva y positiva –como el esfuerzo o la concentración–, cuando el niño repare un error que cometió o cuando quiera compartir su satisfacción.

2. **Inmediatamente.** Sabemos que cuanto más cerca esté la recompensa de la conducta, tanto más efectiva es la recompensa. El cerebro actúa en fracciones de segundo y, por lo tanto, para que asocie una conducta con la otra, como, por ejemplo, guardar los juguetes con una sensación placentera o el agradecimiento de su mamá, las dos experiencias deben ir muy seguidas.

3. **A plazos.** A veces no es fácil dar la recompensa inmediatamente, porque algunos retos y propósitos requieren de grandes recompensas. Supongamos que os habéis marcado como objetivo que tu hijo mayor guarde su ropa sucia en el cubo todos los días durante una semana. Esta puede

ser una meta difícil de mantener para un niño pequeño, pero, sin embargo, podemos ayudarlo a sentir satisfacción si hacemos una marca en una pizarra o si ponemos una cara sonriente en una hoja, al lado del cesto de la ropa sucia, cada vez que lo haga bien. De esta manera, no solo estamos permitiendo que el niño sienta la recompensa en forma de reconocimiento cada vez que lo hace adecuadamente, sino que vamos a ayudarlo a postergar la gratificación final a base de dividirla en satisfacciones más pequeñas y alcanzables. Esta es una habilidad realmente difícil para el cerebro, pero que suele distinguir a aquellas personas que son capaces de alcanzar sus metas de aquellas que no. Por lo tanto, ayudar a dividir metas a largo plazo en pequeñas satisfacciones es una estrategia que va a ayudarlo.

4. **Cuando el niño lo haga mejor.** Posiblemente, el error más frecuente que he observado en la educación de los niños es el de los padres que no saben recompensar el cambio. Con frecuencia, los padres podemos encontrarnos con situaciones que no nos gustan. Un hermano que pega a otro hermano, un niño que muerde a sus compañeros de clase o, simplemente, uno que no quiere vestirse cuando se lo pedimos. En este punto voy a darte un consejo que vale el peso de tu hijo en oro: no esperes que la conducta sea la adecuada. Recompensa al niño cuando haga las cosas un poquito mejor o un poquito menos mal que el día anterior.

Llevo quince años trabajando con pacientes con problemas de conducta severos y muy severos, y puedo asegurarte que en todos los casos la receta para conseguir que adopten un buen comportamiento pasa por valorar y fijarnos en los pequeños progresos. Seguramente sería maravilloso que alguien pudiera cambiar de la noche a la mañana. Que pudiéramos decirle a un niño de dos años una frase como «Jaime, no quiero que vuelvas a morder», y que el niño cambiara su forma de comportarse inmediatamente. Sin embargo, sabemos que el cerebro no funciona así. El cerebro cambia poco a poco, a base de repeticiones y aproximaciones sucesivas. En este sentido, me gusta explicar que provocar un cambio en el cerebro de un niño es como abrir un nuevo camino en un campo de hierba. Para que el niño se acostumbre a ir por un nuevo camino, antes que nada deberá poner un pie fuera del antiguo. En segundo lugar, deberá continuar caminando en la dirección que le indiquemos. En tercer lugar, deberá caminar muchas veces –a lo largo de los días y las semanas– por ese recorrido para que la hierba se aplaste y acabe quedando un camino de tierra. Y, en cuarto lugar, deberá confiar en que la hierba vuelva a cubrir el antiguo camino por el que ya no queremos volver. En este sentido, no hay mejor manera de motivar la conducta de un niño que reforzarlo cuando ponga un pie sobre el camino que queremos que siga.

Refuerzos-trampa

Los refuerzos-trampa son todos aquellos premios, recompensas o refuerzos que esconden una trampa y que, por lo tanto, son contraproducentes.

1. **Refuerzos que dejan ver la insatisfacción.** Cuando utilizamos una situación positiva para demostrar insatisfacción o pedir un poco más, el cerebro del niño, en lugar de sentir la satisfacción que serviría como refuerzo, experimentará frustración. Por ejemplo, si la mamá de Ángela le dice: «Lo has recogido todo, pero he tenido que pedírtelo tres veces», la niña sentirá que se reprueba su conducta y aprenderá que no merece la pena hacer el esfuerzo.

2. **Refuerzos que expresan rencor o despiertan culpa.** Si cuando tu hijo se comporta adecuadamente a la hora de vestirse, le haces un comentario como: «Muy bien, Ricardo, hoy te has vestido bien, no como otros días», su cerebro sentirá inmediatamente el peso del reproche y el refuerzo habrá perdido toda utilidad.

3. **Refuerzos que expresan obligación.** Cuando a un niño le decimos: «Muy bien, Alicia, espero que a partir de ahora lo hagas siempre así», su cerebro detectará inmediatamente que, más que una recompensa, el comentario expresa exigencia. En lugar de satisfacción, su cerebro experimentará frustración.

La siguiente podría ser una representación de lo que ocurre en el cerebro del niño cuando se encuentra frente a un refuerzo-trampa.

Cuando me esfuerzo o me porto bien
→ me siento triste o frustrado.

Como puedes ver, el efecto inmediato es que el niño se siente triste o frustrado. El efecto a corto plazo es que el refuerzo no tendrá ninguna efectividad, porque su cerebro no sintió ninguna satisfacción y, por lo tanto, es posible que tarde

En lugar de decir...	**Prueba con...**

«Lo has hecho muy bien, pero puedes hacerlo mejor.» «Muy bien, te has vestido solo. No como otros días.» «Alicia, lo has hecho muy bien, espero que lo hagas siempre así.»	«Lo has hecho genial.» «Te has vestido superbién, ¡sí, señor!» «Alicia, eres una campeona.»

tiempo en volver a comportarse bien. El efecto a largo plazo, si este tipo de refuerzos-trampa se repiten, es que el niño irá experimentando una lejanía emocional frente a su papá o a su mamá, ya que la insatisfacción que producen estos dardos envenenados hará que se aleje afectivamente de los padres.

Recuerda

Una de las características más importantes de aquellos padres que tienen éxito en su labor como educadores es que utilizan frecuentemente refuerzos para recompensar o motivar la conducta del niño. Refuerza a tu hijo con reconocimiento, tiempo y cariño, y deja a un lado las recompensas materiales y la comida. Evita ofrecer a tu hijo recompensas o premios a cambio de su comportamiento, y, por el contrario, ayúdalo a sentirse satisfecho cuando hace lo que le pediste o se porta adecuadamente. Presta mucha atención al cambio, a las cosas que tu hijo está haciendo mejor, y valora siempre sus progresos y su intención, más que el resultado final.

8.
Alternativas al castigo

«Ayuda a otros a conseguir sus sueños y tú conseguirás los tuyos.»

LES BROWN

Imagínate que el cerebro de tu hijo es como un antiguo tren con dos locomotoras de vapor, una en cada extremo del tren. La primera apunta hacia un comportamiento positivo que le permitirá conseguir sus metas en la vida. La segunda locomotora apunta hacia uno negativo, que va a provocarle dificultades y sufrimiento. Ahora quiero que te imagines que cada comentario que haces a tu hijo es como un tronco de madera. ¿En cuál de las dos calderas quieres meter el tronco? ¿En la que alimenta la locomotora que apunta hacia la satisfacción o en la que lo hace hacia la insatisfacción? Con excesiva frecuencia, los padres frustrados centran toda su atención en las conductas negativas de sus hijos. Esto ocurre también en la escuela. Algunos maestros, desesperados por la falta de colaboración de algunos niños, comienzan a poner su atención en las conductas negativas del niño. Cuando centramos la atención en lo negativo, es como si echáramos un tronco en la caldera que apunta hacia las dificultades. Puede que sientas que tu deber es prestar atención y fijarte en todo lo negativo que hace tu hijo, para que no vuelva a hacerlo, pero, en muchos casos, lo único que se consigue es alimentar malos comportamientos. Como ya has visto en el capítulo anterior, la mejor estrategia para motivar una conducta positiva en el niño es fijarnos en sus buenas conductas. ¿Cómo podemos corregir entonces las conductas negativas, para poder así centrarnos en las positivas? Buscando alternativas al castigo.

Por qué los castigos no funcionan

Castigar a un niño, bien sea porque lo dejamos sin su rato de bicicleta, bien sea porque le decimos que es un miedoso o un caprichoso, tiene tres consecuencias negativas que todo padre y educador debería evitar. La primera de ellas es la de enseñar al niño a utilizar el castigo contra los demás como forma válida de relación: ¿qué beneficio tiene para el niño que se sienta caprichoso?, ¿qué beneficio tiene para el niño o para el mundo que no disfrute de su rato de bicicleta? Seguramente, ninguno. El niño, posiblemente, no aprenderá nada más que la idea de que cuando uno se siente frustrado puede arremeter contra los demás, y que cuando el otro se siente mal, parte del daño que ocasionó queda reparado. No sé cómo valoras tú estas dos asunciones, pero, desde luego, distan mucho de los valores que yo quiero transmitir a mis hijos. La segunda consecuencia negativa de aplicar castigos es que facilitan la aparición de la culpa. Normalmente, la finalización del castigo ocurre cuando el niño se pone a llorar o cuando ha pasado suficiente tiempo como para que se sienta mal. En ese momento en el que el niño llora o su dignidad se rompe y pide perdón, el papá o la mamá suelen levantar el castigo. De esta manera, el niño aprende con rapidez que cuando se siente triste por algo que no debió hacer, sus padres lo perdonan y vuelven a quererlo. Este mecanismo, tan sencillo y terrible, es el origen de la culpa en el niño que acompaña a algunos adultos a lo largo de toda la vida. Por si esto fuera poco, el castigo no evita que el niño desaprenda lo que aprendió comportándose mal, es decir, el niño que pega a otro no deja de sentir la satisfacción de haber pegado. Por eso son mucho más efectivos los límites, que lo que hacen, precisamente, es evitar que las malas conductas se produzcan. En definitiva, el niño que es castigado porque no se ha comportado bien puede realizar asociaciones tan poco beneficiosas para su desarrollo como la que vemos a continuación.

La última y –desde mi punto de vista– la más negativa de todas las consecuencias que tiene el castigo es lo que enseña al niño sobre sí mismo. Cuando al niño lo castigamos por desobedecer o le decimos que es un desobediente, su cerebro utiliza esa información para formar un «autocon-

| Cuando pego, consigo lo que quiero. | → | Cuando consigo lo que quiero, siento culpa. | → | Cuando siento culpa, mis padres me perdonan y me siento bien. |

cepto». Cada vez que le decimos al niño cualquier frase que empiece por «eres», el cerebro del niño guarda esos datos en una estructura llamada «hipocampo» que está encargada de almacenar todos los conocimientos sobre el mundo y sobre sí mismo, que van a permitirle tomar decisiones en la vida. Así, si el niño sabe que un perro contento mueve la colita, decidirá tocar a un perro que la mueve. Si sabe que en verano se toman helados, pedirá un helado a su mamá en un día de calor para disfrutar de su frescor. De la misma manera, si el niño se reconoce valiente u obediente actuará en consecuencia, mientras que si los mensajes de sus padres o maestros han fijado en su memoria que es un niño desobediente, también actuará en consecuencia. El niño que se sabe desobediente, caprichoso, egoísta o vago no tendrá más remedio que actuar en la vida en relación con lo que sabe de sí mismo. En este sentido, hay pocas cosas que puedan hacer tanto daño al autoconcepto y a las posibilidades de un niño

Hipocampo

Conocimientos del mundo
- Mi profesora se llama Sonia
- En verano tomamos helados
- Los perros mueven la cola si
  están contentos

Conocimientos sobre uno mismo
- Soy una miedica
- Soy caprichosa
- Soy egoísta
- Soy valiente
- Soy capaz de esperar
- Sé compartir

como todos aquellos mensajes negativos acerca de sí mismo que quedan grabados en su memoria.

Castigos-trampa

Otra razón por la que los castigos pueden no ser eficaces es por lo que yo llamo los «castigos-trampa». Un castigo-trampa es una llamada de atención, un enfado o un castigo en el sentido más clásico de la palabra que, en lugar de desmotivar al niño para que haga algo, lo motiva más. Los castigos-trampa aparecen cuando el niño, que normalmente no recibe la atención suficiente de sus padres −pasan poco tiempo con él, no saben reforzar sus conductas positivas−, aprende que, haciendo las cosas mal, sus padres le hacen caso. Hugo, por ejemplo, puede aprender que, cuando pega a su hermanito, su mamá lo regaña. Para un niño que se siente solo, ser regañado es mucho mejor que sentirse invisible y, por lo tanto, pegará a su hermano más veces. En este caso, su madre haría muy bien si adoptara una estrategia diferente. Por ejemplo, puede felicitar a Hugo cuando esté un ratito sin pegar a su hermano. También puede dedicar todos los días un rato para estar mano a mano con Hugo, una vez que haya acostado al pequeñín. Está claro que la mamá no puede permitir que el niño pegue a su hermano pequeño, pero en vez de estar constantemente señalando lo negativo, puede optar por recompensar lo positivo. De esta manera, cualquier papá y cualquier mamá pueden evitar los castigos-trampa y dar la vuelta a la tortilla al poner la atención en lo positivo, no dando tanto «protagonismo» a lo negativo.

Castigo-trampa	**Reforzando lo positivo**
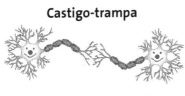	
Cuando me porto mal → me hacen caso.	Cuando me porto bien → me hacen caso.

Como ves, son muchas las razones que hacen del castigo una estrategia torpe y poco evolucionada de educar a los hijos; en ocasiones cumplen su propósito, pero siempre acarrean consecuencias negativas. Con ello no quiero decir que debamos permitir que el niño aprenda que puede hacer lo que quiera. Posiblemente, castigar a un niño que pegó a otro sea mucho mejor que no hacer nada. Solo quiero decir que hay otras estrategias menos dañinas y más efectivas que el castigo. A continuación vas a poder comprobar que hay muchas alternativas al castigo que van a ayudarte a corregir a tus hijos de una manera mucho más constructiva y positiva que mediante el castigo.

Ayudarlo a conseguirlo

El objetivo de todo castigo suele ser que el niño aprenda y consiga sus metas. Quiero que te imagines que eres un cardiólogo y que en un chequeo rutinario descubres que tu mejor amiga tiene una cardiopatía. Si no hace ejercicio y cambia su dieta, tendrá un infarto que le provocará consecuencias negativas en su estado de salud. ¿Qué harías en esta situación? ¿Esperarías a que sufriera el infarto para reprocharle sus hábitos alimenticios y su falta de ejercicio o hablarías con ella y la ayudarías a perder unos kilitos y a comer más sano? Si eres una buena amiga, seguro que no lo has dudado. Ayudarías a tu amiga, por todos los medios, a vencer su enfermedad. Con más motivos que un buen amigo, un buen padre o una buena madre no esperan el fracaso, sino que ayudan al niño a conseguir sus metas y a sentirse bien. Si sabes que tu hijo Santiago tiende a morder a su hermana cuando se frustra, no esperes a la pelea, ayuda a Santiago a no morderla. Siéntate cerca de él y cuando lo notes frustrado ayúdalo a controlarse. Si Esteban no acude cuando su padre lo llama, este puede quedarse quieto llamándolo y enfadándose cada vez más, o puede optar por ir hasta donde está, tomarlo de la mano con suavidad y llevarlo hasta donde le pidió que fuera. Con el primer método, la insatisfacción mutua estará asegurada; con un poco de ayuda, sin embargo, los dos se sentirán mejor y acabarán por estar en su lugar: el padre controlando la situación y Esteban donde su padre le pidió. De la misma manera, si Rosa tarda mucho en comer, podemos optar por enfadarnos o por ayudarla a terminar más o menos pronto partiéndole la carne en trozos más pequeños, dándole alguna cucharada o, incluso, perdonándole un poquito de comida si la pequeña cumple parte de su trabajo.

Otra de las ventajas de ayudar al niño a no equivocarse es que favorece lo que conocemos como «aprendizaje sin errores». Esta técnica, diseñada para ayudar a aprender a personas con problemas de memoria, se basa en la siguiente premisa: cualquier persona aprende más rápido si lo hace bien a la primera. Si ayudas a tu hijo a hacer las cosas bien cuando normalmente suele fracasar, solo lo estás ayudando a aprender más rápido.

Establece consecuencias

En la vida real, cada una de nuestras acciones tiene consecuencias. Si llegamos tarde a una entrevista de trabajo, posiblemente causemos mala impresión y no nos contraten. Si conducimos rápido, es muy posible que nos pongan una multa y si, por ejemplo, ponemos mucho esmero a la hora de cocinar, es muy probable que la comida sepa deliciosa.

Cuando muchos padres piensan en consecuencias, inmediatamente piensan en castigos, pero normalmente no hace falta echar mano de ellos porque la vida ofrece suficientes consecuencias naturales que pueden hacer al niño entender qué comportamientos le brindan los mejores resultados. Así pues, la labor de los padres puede ser tan sencilla como mostrarle al niño las consecuencias de sus acciones, de acuerdo con unas normas básicas. Imaginemos que en casa de Martín siempre hay discusiones y enfados porque este deja todo el cuarto de los juguetes patas arriba. Sus padres pueden establecer la norma de que no se puede sacar otro juguete hasta que no recoja el que Martín no está usando. No es que lo castiguemos con la imposibilidad de jugar; el niño puede saltar a la pata coja, hacer la voltereta o imitar a un cocodrilo del Amazonas, pero no puede sacar otro juguete hasta que no guarde el anterior. Recuerdo que hace algunos meses mi mujer y yo estábamos desesperados porque uno de nuestros hijos era tan lento cenando que podía pasarse una hora y media frente a un plato de verduras, una tortilla y un vaso de leche. Para la hora en que estaba preparado para ir a dormir, nosotros también. No es un niño desobediente ni de poco apetito, simplemente le gusta tomarse su tiempo y disfruta imaginando y hablando sin parar. Queríamos ayudarlo a acabar en un tiempo razonable, pero todos nuestros intentos eran inútiles. Pasamos así meses, intentando averiguar cómo ayudarlo, hasta que un día nos dimos cuenta de que si algo valoraba más que la conversación de la cena, era el rato del cuento antes de ir a dormir. Si creyéramos en los castigos, le habríamos dicho que si no acababa a una hora determinada se quedaría sin cuento. En lugar de eso, establecimos una norma. El cuento se comenzaría a leer cuarenta y cinco minutos después del inicio de la cena. Es un tiempo más que prudencial para cenar sin prisa. Les explicamos a los niños que, estuvieran o no estuvieran en la cama, el cuento empezaría a su hora. La primera noche que entró en vigor la norma, las cosas transcurrieron como de costumbre, salvo que en esa ocasión leí el cuento *Vamos a cazar un oso* solo, tumbado en su cama, exactamente cuarenta y cinco minutos después de que empezaran a cenar. Tanto él como su hermana no daban crédito. Se enfadaron muchísimo conmigo y reclamaron entre sollozos y rabia que volviera a leerlo. Como puedes imaginarte, no lo hice. Sabía que eran capaces de superar esa pequeña frustración. Al día siguiente cenaron en treinta y cinco minutos y leímos el cuento del oso y otros dos cuentos más –una consecuencia positiva de acabar pronto–. Desde esa noche, todos los días –minuto arriba, minuto abajo– comenzamos a leer el cuento cuarenta y cinco minutos después de sentarnos a la mesa. A veces esperamos uno o dos minutos porque alguno se olvidó de hacer pis o no se lavó a fondo los dientes, pero solemos estar todos puntuales a nuestra cita con los cuentos. Tú también puedes fijar unas consecuencias naturales para aquellas tareas en las que tus hijos se atascan con más frecuencia. Lo natural es que el niño se adapte a las consecuencias, lo que, como ves, es mucho más efectivo y conlleva menos culpa que un castigo.

Cambia la perspectiva

Como recordarás del anterior capítulo, reforzar es mucho más efectivo que castigar. Por eso la siguiente estrategia es realmente útil. Para poder llevarla a cabo solamente necesitas cambiar tu propia perspectiva sobre el hecho de premiar y castigar. Supongamos que Teresa suele chinchar a su hermana. En esta situación, muchos padres establecerían una norma para frenarle los pies: «Si Teresa chincha a su hermana, se quedará sin su rato de dibujos después de merendar». Hasta cierto punto, esta es una consecuencia justa a los ojos de un niño de esa edad; sin embargo, hay alternativas más eficaces, pues si los padres de Teresa aplican esta norma, están poniendo mucha atención en el hecho de chinchar, y provocan frustración cuando se trasgrede la norma. Si aplicamos el método de cambiar la perspectiva, daremos la vuelta a la tortilla para hacer prácticamente lo mismo, pero con un enfoque mucho más positivo. La nueva norma puede ser: «Los niños que se portan bien en la merienda pueden ver los dibujos». De esta manera, la atención se enfoca en el buen comportamiento y el cumplimiento de la norma se asocia con un sentimiento de satisfacción. Es una idea sencilla, pero muy poderosa, aunque a veces hasta los padres más experimentados tendemos a olvidarla. Intenta tenerla en cuenta a la hora de establecer consecuencias para aplicarlas siempre desde una perspectiva positiva, y cuando veas que en un contexto cualquiera el castigo comienza a ser frecuente, recuerda que puedes darle la vuelta a la tortilla y cambiar la norma para que el niño ponga toda su atención (y, por lo tanto, la parte del cerebro que controla la voluntad) en la conducta positiva.

Reparar las acciones

Otra regla básica para corregir conductas inapropiadas es que las acciones que han provocado daño a otras personas u objetos sean reparadas. Reparar nuestras acciones es un gesto de responsabilidad y resulta muy eficaz porque funciona como una consecuencia natural de estas. Recuerdo a una mamá que, muy agobiada, me comentó que su hijo, Miguel, se llevaba juguetes de casa de sus amigos. Apurada, preguntaba a los papás de los demás niños si le habían regalado el juguete y la respuesta habitual era que no. Después de entregar ella personalmente el juguete a los papás y pedir disculpas le recomendé lo que resulta más natural: que fuera el niño el que reparara sus acciones. Aproximadamente un mes más tarde volví a encontrarme con esta mamá y le pregunté qué tal había ido la cosa. Me confesó que a los pocos días de haber hablado conmigo, su hijo se llevó unos cromos de casa de un amiguito. Cuando llegaron a casa y su mamá se percató de que los cromos no eran suyos, le dijo al niño que debía devolverlos al día siguiente y pedir perdón por habérselos llevado. Al día siguiente, Miguel pataleó, lloró y suplicó delante de casa de su amigo que fuera su madre la que los devolviera. La madre, una mujer muy tierna y sensata, le dijo que iba a ayudarlo a hacerlo. Miguel, un poco más calmado y acompañado del valor que le inspiraba sentir a su madre a su lado, devolvió los cromos y pidió perdón. Han pasado unos meses y Miguel no ha vuelto a llevarse ningún juguete de casa de nadie. Ahora pide a su madre que le deje llevar algunos juguetes a casa de sus amigos y los intercambia con ellos, siempre de mutuo acuerdo. Fijar consecuencias suele ser más fácil y menos traumático de lo que fue para Miguel. Cuando un niño pega a su hermano, corregir el daño significa pedirle perdón y darle un beso. Cuando tira algo de comida al suelo puede recogerla y ponerla en el cubo de la basura, y cuando en medio de un juego o despistado tira la leche al suelo, en lugar de regañarlo y decirle enfadados que debe tener más cuidado, podemos acompañarlo a buscar la bayeta y enseñarle a limpiar a él o a ella la leche derramada. Su cerebro aprenderá antes a tener cuidado con las cosas y, en vez de resultar traumático, le resultará divertido. Y, sobre todo, como les digo a mis hijos: «¿Por qué voy a recogerlo yo si no lo he tirado, y tú tienes manos para hacerlo?».

Recuerda

El castigo es la consecuencia menos agradable y pedagógica que puedes aplicar a un niño. A veces el niño busca el enfrentamiento o el castigo, porque necesita sentir que sus padres le prestan atención. Es muy importante que recuerdes que todos los niños necesitan mucho tiempo de juego y atención por parte de sus padres. Regañándolos solo castigas sus necesidades y refuerzas sus malos comportamientos. Busca alternativas eficaces para no entrar en la dinámica de los malos comportamientos. Establece consecuencias claras, insiste en que repare aquellas acciones que dañaron a otras personas u objetos y, sobre todo, ayúdalo a hacer las cosas bien cuando sientas que vais a acabar enfadados. Acuérdate de que un buen amigo no se queda quieto esperando a que lo vengan a saludar, sino que te encuentra a mitad de camino. Tú también puedes ayudar a tu hijo a cumplir con lo que le pides, encontrándolo a medio camino. En vez de enfadarte y frustrarte, ¡ayúdalo a sentirse un campeón!

9.
Poner límites sin dramas

«Una mente disciplinada conduce a la felicidad,
una indisciplinada, al sufrimiento.»

DALÁI LAMA

Los límites siempre han sido un tema controvertido en la educación. Hay corrientes educativas y padres por todo el mundo decididos a reducir los límites y las normas a la mínima expresión. Los primeros que no están de acuerdo con el establecimiento de límites en el proceso educativo son los propios niños. No hay mejor manera de ver el lado más oscuro de cualquier niño que marcarle un límite que no contemplaba. Hasta el niño más dulce puede transformarse en un pequeño demonio cuando se encuentra frente a la frustración que supone tener que respetar un límite que antes no existía. Seguramente por eso a muchos padres y educadores les cuesta mucho trabajo establecer límites y hacerlos valer. El pánico que produce a muchos de ellos enfrentarse al niño enfadado o la desolación que les provoca ver su sufrimiento es tal que se han desarrollado teorías educativas basadas en reducir al mínimo los límites. Sin embargo, desde mi experiencia y desde la perspectiva de los educadores más importantes, esto es un grave error.

Desde mi punto de vista como neuropsicólogo, puedo garantizar a todo padre y educador que los límites son esenciales en la educación del cerebro. Puedo defender esta afirmación porque existe toda una región del cerebro dedicada exclusivamente a fijar límites, hacerlos valer y ayudar a las personas a tolerar la frustración que supone su cumplimiento. Es más, esta región de la que te hablo, la región «prefrontal» del cerebro, es, sin duda, la más importante de todas para conseguir la felicidad. Cuando me encuentro con un paciente que tiene dañada esta región, estoy sentado frente a una persona que no es capaz de regular sus enfados, que no respeta los límites de otras personas y que no puede respetar las normas sociales para conseguir aquellas metas que desea.

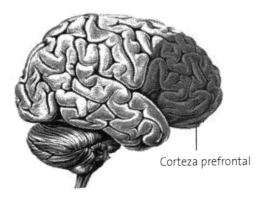

Corteza prefrontal
- Interiorizar normas
- Autocontrol
- Planificar
- Organizar
- Resolver problemas
- Detectar fallos

Corteza prefrontal

El cerebro humano ha dedicado millones de años a desarrollar estas estructuras de fijación de límites, porque mejoran —antes y ahora— sus posibilidades de sobrevivir y de convivir en sociedad.

Algunos padres se empeñan en estigmatizar el establecimiento de límites sin darse cuenta de que satisfacer al niño cada vez que no quiere comer en la mesa, cada vez que demanda que su padre lo lleve en brazos porque no quiere caminar o cada vez que exige tomar el pecho en ese mismo momento, resulta incongruente. Los padres también tienen que poner límites a sus propias necesidades y deseos para que su hijo experimente los límites normales que hay en la vida. Veamos el ejemplo del pecho, ya que puede ser el más controvertido. A partir del tercer o cuarto mes, el niño es capaz de esperar calmadamente durante periodos cortos de tiempo antes de recibir su toma. Esto quiere decir que la madre puede regular en cierta medida la toma del bebé. Si va a conducir, puede ofrecer el pecho al bebé antes de montarse en el coche, para que no lo necesite en el momento de conducir. De la misma manera, si la mamá está en la fila del autobús, puede esperar tranquilamente a estar cómodamente sentada dentro del autobús para satisfacer la necesidad del pequeño. Sin lugar a dudas, el pecho a demanda es la mejor opción de crianza, pero esto no es incompatible con querer enseñar al bebé que en ciertas situaciones él o ella son capaces de esperar un poquito.

En el ámbito educativo, los límites son una clave fundamental en el desarrollo del niño. Sabemos que su capacidad de fijar sus propios límites y de controlarse son los mejores indicadores de éxito académico y social. Basta con hablar con un claustro de profesores y maestros para entender que los niños de hoy, más que amor o cariño, necesitan límites. Incluso un trastorno tan extendido como el déficit de atención es en gran parte un trastorno causado por la falta de límites. Hablaremos más adelante sobre cómo los límites pueden ayudar en el desarrollo intelectual y emocional del niño y cómo pueden contribuir a la prevención del déficit de atención y otras patologías. En este capítulo –y ahora espero que ya te hayas convencido de la importancia de que el cerebro del niño sepa interiorizar y respetar los límites– voy a enseñarte a fijar y a hacer valer límites positivos para su desarrollo. Sin dramas para ti, y sin dramas para el niño.

La actitud para poner límites

Quiero que te imagines una escena que posiblemente hayas vivido alguna vez. Quiero que te imagines que un bebé de aproximadamente un año de edad alcanza el mueble que está debajo del fregadero. El bebé se sienta, abre la puerta y descubre un fascinante mundo de detergentes, botellas de lejía y pastillas para el lavavajillas. ¿Qué harías en esta situación? Sin lugar a dudas, retirarías cualquier producto que el niño hubiera agarrado, cerrarías la puerta y alejarías al niño del armario. ¿No es así? Bien. Quiero que grabes en tu cabeza esta escena y recuerdes con nitidez esa sensación de seguridad tranquila que te ha envuelto cuando te has imaginado tomando la botella de lejía de las manos de tu hijo. Poner límites con eficacia y sin dramas requiere de esa actitud. La actitud de saber que lo que estás haciendo es bueno para tu hijo. La actitud de que no hay nada que discutir y la de tener la certeza de cómo va a acabar la escena. Cuando tu hijo va a pegar a otro niño, va a saltar desde un lugar demasiado alto o ha decidido que va a comer sin babero, tu actitud debería ser tan inmediata, clara y segura como cuando agarra la botella de detergente. Simplemente no permitas que suceda aquello que no quieres que suceda.

Poner límites a las conductas poco adecuadas es muy importante, porque estamos evitando que se establezcan conexiones entre sus neuronas que no van a favorecer su desarrollo intelectual, emocional y social. Veamos un ejemplo. Si un niño quiere el juguete de otro niño, es posible que decida pegarle para conseguirlo. En este caso, el niño siente la satisfacción de haberlo logrado, aunque está rompiendo una regla social muy importante. Si, por el contrario, ponemos

Sin límites	**Con límites**

Cuando agredo → consigo lo que quiero. Volveré a agredir.	Cuando agredo → no consigo lo que quiero. No volveré a agredir.

un límite al evitar que el niño se quede con el juguete, evitamos que se establezca esa conexión y que el niño repita la conducta.

Poniendo límites no solo cortamos las conductas no deseadas, lo que ayuda a mejorar el autocontrol del niño, sino que facilitamos que busque otras alternativas, con lo que el niño será más flexible y adaptable.

Cuándo empezar a poner límites

Muchos papás y mamás no se dan cuenta, pero los límites son parte de la vida del niño desde el momento del nacimiento, y es importante que se acostumbre a ellos poco a poco. Cuando el bebé está en el vientre materno, no conoce límites de ningún tipo. El niño es uno con su madre y no hay barreras que los separen. Posiblemente, esa fusión y placidez infinita que sentimos en la placenta es lo que hace que a muchos adultos nos cueste aceptar los límites. Sin embargo, es ley de vida. Fuera del vientre materno las cosas ya no son iguales. Si todo va bien en el alumbramiento y si tienen la suerte de seguir unidos, piel con piel, las primeras horas después del parto, la primera separación entre el niño y la madre llegará en el momento en que la mamá tenga que ir al baño a hacer sus necesidades, y un poco más adelante, cuando tenga que ducharse. En esos momentos la mamá no puede estar con el niño, y a partir de allí habrá muchos otros momentos en los que, se ponga como se ponga el niño, no va a conseguir lo que quiere. En esos primeros momentos, los límites vienen solos y son inevitables.

Las primeras ocasiones en las que un papá o una mamá deben poner límites al niño suelen aparecer cuando el bebé comienza a tener algo más de movilidad. Puede que tengas a tu bebé sujeto en brazos y él intente tirarse al suelo o simplemente voltearse una y otra vez cuando intentas cambiarle el pañal. En esos momentos es importante recordar la regla de la botella de lejía. ¿Tú crees que es bueno que el niño se tire al suelo? ¿Crees que es posible cambiarle el pañal a un bebé que se está dando la vuelta? Si la respuesta a estas dos preguntas es no, te recomiendo que, con el espíritu de la botella de lejía en mente, sujetes a tu hijo con calma, con cariño, pero con confianza. Por supuesto que puedes disfrutar una y mil veces de ver cómo se voltea, cómo explora algo que vio en el suelo, pero si en ese momento lo que tú realmente quieres y necesitas es ponerle el pañal o llevarlo a algún sitio, prueba a sujetarlo con firmeza y calma y decirle con dulzura: «Ahora no» o «Espera un poquito». Así conseguirás que tu hijo comience a hacer una asociación que lo ayudará toda su vida.

Aunque quiera algo ahora... soy capaz
de esperar un poquito.

Más adelante en el libro aprenderás la importancia que para el cerebro del niño tiene el saber esperar. De momento dejémoslo en que esto es crucial para su desarrollo emocional e intelectual.

A veces los límites no son tan fáciles como pedir al niño que espere un poquito para hacer lo que quiere. También hay muchas ocasiones, sobre todo a medida que el niño va creciendo, en las que hay que sustituir el «ahora no» por el «no». Sin embargo, el principio de aplicación es el mismo. Cuanto más seguro, claro, tranquilo y cálido seas a la hora de decir «no», más fácil será para tu hijo entenderlo. Supongamos que tu hijo ha desayunado muy pronto y quiere ver unos dibujos antes de ir a la escuela. Con mucho sigilo se cuela en la sala de estar y enciende el televisor. En tu casa hay una norma muy clara y es que los días de escuela los niños no ven la televisión por la mañana. Es cierto que tu hijo se ha despertado pronto y ha desayunado como un rayo, sin embargo, nadie ha alterado la regla de la televisión. En este caso, puedes apagar la tele sin decir nada o acercarte a él con cariño, reconocerle que ha desayunado muy bien y explicarle que, aunque no puede ver la tele, puedes sentarte con él cinco minutos a leerle un cuento. Como ves, aunque en los dos casos el límite se va a hacer respetar, la forma de hacer valerlo puede tener consecuencias muy distintas. En el primer caso, lo más probable es que el niño estalle de rabia contra ti, mientras que en el segundo probablemente respetará tu decisión y la aceptará de buena gana. Lo que quiero transmitirte es que hay muchas formas de hacer valer los límites y mientras que unas pueden provocar tempestades y conseguir que la relación entre padres e hijos se vaya deteriorando, las otras pueden prevenir conflictos al tiempo que construyen confianza mutua. A continuación vas a poder conocer lo que yo denomino «las siete reglas de oro para poner límites con éxito»: cómo puedes poner límites para que el niño los entienda y los interiorice, y evitar que sea una experiencia traumática para él o para ti.

Las siete reglas para poner límites sin dramas

- *Pronto.* Si pones un límite la primera vez que observes una conducta que no te gusta o que no creas adecuada, evitarás que se produzca una primera conexión negativa en el cerebro del niño y, por lo tanto, tendrás mucho menos trabajo en un futuro, porque estarás evitando que la conducta negativa se desarrolle.
- *Antes.* Cuando veas que tu niño va a hacer algo que consideras peligroso o negativo para su desarrollo, intenta frenarlo antes de que ocurra. Al igual que sucede con la anterior regla, evitar una conducta no deseada antes de que ocurra puede ser mucho más efectivo que corregirla veinte veces, una vez que el niño haya adquirido el hábito. Te ahorrará mucho trabajo.
- *Siempre.* El hecho de lograr que un niño desista de una conducta poco apropiada no quiere decir que no vuelva a intentarlo. Los niños son curiosos y persistentes por

naturaleza. La clave para que los límites se hagan valer está en que estos estén claros y presentes en su cerebro en todo momento.

- *Consistentemente.* De nada sirve que el papá del niño no le deje ver dibujos por la mañana si su madre se lo permite de vez en cuando. Es importante que tu pareja y tú os pongáis de acuerdo respecto a qué normas y reglas son importantes para el desarrollo de tu hijo.

- *Con tranquilidad.* Parte del secreto de poner límites de una manera efectiva consiste en que los padres se mantengan dentro de los confines de la tranquilidad. Cuando le gritamos a un niño o cuando un papá se pone nervioso se activa una parte de su cerebro que prácticamente inutiliza la zona de la corteza cerebral que se dedica a gestionar los límites. En estos casos, el niño no será capaz de escuchar, entender o aprender lo que estás intentando enseñarle.

- *Con confianza.* Una de las cosas más importantes cuando vamos a guiar a alguien es que esa persona confíe en que sabemos por dónde la estamos guiando. Si tu hijo ve que tienes claro lo que puede y no puede hacer, se sentirá más tranquilo y más motivado a la hora de seguir las normas que le indicas. Tendrás que discutir menos porque sabrá que no va a ser fácil hacerte cambiar de opinión.

- *Con cariño.* Cuando el límite es puesto con cariño, el niño entiende a la perfección que no es un ataque contra él, sino simplemente una regla que se debe cumplir. Su grado de frustración será mucho menor, y tú serás capaz de hacer valer el límite sin que vuestra relación se resienta.

Como ves, poner límites no tiene por qué ser un drama. Puedes, incluso, hacer de ello algo divertido. Si, por ejemplo, Pablo se escapa cuando queremos ponerle los zapatos, podemos decirle: «¡Oye, sinvergüenza!», agarrarlo de los tobillos y decirle en tono de risa que no va a escaparse hasta que no le pongamos los zapatos. Si Martina tira algo al suelo y no quiere recogerlo, puedes ponerte serio, pero también puedes tirarla en la alfombra y hacerle cosquillas, diciendo que es una «pequeñaja», y terminar el juego recogiendo aquello que tiró. El secreto de poner límites no consiste en hacer una escena dramática, sino en conseguir que el niño actúe de la manera que le hemos marcado. Poner un poco de juego al asunto rebajará la tensión, evitará que el niño sienta culpa, y lo estarás ayudando a que cumpla con lo que estás pidiendo. Además, puede ser una excelente oportunidad de jugar y fortalecer el vínculo entre vosotros, en vez de erosionarlo.

Los distintos tipos de límites

Seguramente, en algún momento de este capítulo habrás pensado que esto de los límites resulta un poco frío y rígido. Parece como si cualquier regla que apareciera en casa fuera un dogma que no se pudiera romper bajo ninguna circunstancia. Nada más lejos de la realidad. Hasta ahora he querido enseñarte cómo debes poner los límites cuando tú quieras hacerlo. Sin embargo, hay otra parte importante que debemos tener en cuenta a la hora de poner los límites: la necesidad del niño de conseguir sus metas. ¿Te imaginas cómo se sentiría un niño que nunca nunca nunca consiguiera salirse con la suya? Seguramente sería un niño muy inseguro. Al igual que es importante enseñar al niño a conocer y a ser capaz de respetar las normas, también es fundamental nutrirlo de experiencias en las que salga airoso en una situación en la que llevaba las de perder. En este sentido, tan importante es saber hacer valer los límites como saber romperlos. Hace poco escuché una clasificación de los tipos de límites que me pareció muy acertada y que se asemeja mucho a la clasificación de normas que hacemos muchos padres de manera inconsciente. Creo que conocer estos límites y ponerles un nombre va a ayudar a muchos padres a manejarlos mejor en el mundo real.

- *Límites inquebrantables.* Son aquellos que son indispensables para garantizar la seguridad del niño. No se meten los dedos en el enchufe, cuando cruzamos una calle vamos de la mano, no puedes subirte tú solo a lugares de cierta altura, no se bebe de la botella de lejía, y otros muchos que entran en el ámbito del sentido común y que casi todos los padres hacen valer a la perfección.
- *Límites importantes para el bienestar.* Estos límites son los que se deben hacer valer siempre o casi siempre, pues son importantes para el desarrollo del niño y su bienestar. No obstante, se pueden hacer excepciones muy contadas o matices. Por ejemplo, se puede explicar al niño que no debe pegar a otro niño, aunque se le puede reafirmar el derecho

a defenderse si lo están agrediendo. También es importante que coma y cene todos los días, pero si un día concreto al niño le duele la tripita, lo lógico es que no lo haga. Muchos de estos límites tienen que ver con los valores de los padres y con las normas sociales. No se pega, no se escupe, no se miente, no se pueden decir palabras malsonantes, no se pueden comer chucherías a todas horas, hay que desayunar, comer y cenar, etcétera.

- *Límites importantes para la convivencia.* Estos suelen ser límites establecidos por los padres para facilitar el orden y la convivencia. Son normas que se deben respetar, aunque los padres pueden relajarlas los fines de semana, cuando estamos de vacaciones o tenemos una visita en casa, cuando nos apetece romper la norma por necesidad o simplemente porque queremos darle al niño la satisfacción de salirse con la suya. Algunos ejemplos son: hay que bañarse todos los días, no se come en el salón, no se toma helado después de cenar, solo se toman chuches los fines de semana, solo se puede ver una hora de dibujos al día o hay que cepillarse los dientes.

Tener límites que el niño pueda romper cuando nosotros lo concedamos nos va a permitir enseñarle que en la vida hay que ser flexibles, y que algunas normas cambian en función de las circunstancias, además de permitirnos tener una vida familiar más adaptable. Si un sábado por la noche, después de pasar el día con los abuelos, decidimos quedarnos a dormir con ellos, ni nos lavaremos los dientes ni dormiremos en pijama. Romper las reglas ayudará a que el cerebro de nuestros hijos aprenda que disfrutar de una velada jugando con su abuela a los animales de la granja puede tener más valor que seguir cada norma en cada momento.

En los últimos tres capítulos has podido aprender a manejar tres herramientas que van a servirte para motivar a tu hijo y que lo ayudarán a entender qué comportamientos son adecuados y cuáles no. Quizás hayas leído —o algún amigo te ha comentado— que no es bueno poner límites ni reforzar a los niños. Desde luego, la neurociencia tiene una opinión contraria a la de tu amigo, porque cada una de estas herramientas es útil y permite al niño asentar una serie de normas que son importantísimas para su desarrollo. Es, sin lugar a dudas, tu responsabilidad como padre o madre enseñar a tus hijos hasta dónde pueden llegar y cómo pueden conseguir lo que quieren en la vida. Lo mejor de los límites y de los refuerzos es que si se aplican bien, desde el principio, el cerebro del niño afianzará rápidamente hábitos adecuados que, en lugar de obligaros a seguir peleando por los mismos temas una y otra vez, permitirán que siga avanzando en su maduración.

Recuerda

Ayudar al niño a conocer y a respetar los límites es una de las tareas más importantes que puede tener cualquier padre de cara a favorecer el desarrollo intelectual y emocional de sus hijos. No te sientas culpable por poner límites. Los límites están presentes desde el nacimiento y forman parte de la vida de cualquier persona. Intenta poner los límites antes de que se produzca la conducta o, por lo menos, antes de que se convierta en un hábito. Pon los límites con la misma firmeza, calma y cariño con la que les das un beso a tus hijos. Los estarás ayudando a desarrollar una parte de su cerebro, lo que, como verás a continuación, los ayudará a conseguir sus metas y a ser felices durante toda su vida.

10.
Empatía

«¿Podría darse un milagro más grande que el de
ser capaces de mirar a través de los ojos del otro?»
HENRY DAVID THOREAU

Si hay una herramienta útil para situaciones de emergencia,
que puede resultar útil en situaciones difíciles, es la empatía.
Todo padre o educador va a encontrarse en algún momento
ante un niño que está desbordado de emoción, que no puede
contener su rabia o su tristeza. En estos casos aparecen las rabietas, los enfados incontrolados o los comentarios, tan difíciles de aceptar por los papás, como: «¡Eres tonto!», «No quiero
volver a verte nunca» o, por ejemplo, «Odio a mi hermanito».
La inmensa mayoría de los padres no saben cómo reaccionar
ante estas circunstancias o reaccionan de una manera que puede dañar al niño. En este capítulo vas a aprender a evitar estos
errores y entenderás cómo puedes utilizar la empatía para que
tu hijo y tú salgáis reforzados de estas experiencias difíciles.

Qué es la empatía

Empatía –del griego *em*, «en», y *pathos*, «padecimiento, sentimiento»– es una palabra que utilizan los psicólogos para describir la capacidad de ponerse en el lugar del otro. A diferencia de la «simpatía», en la que dos personas coinciden, en la «empatía» no hay coincidencia, aunque sí entendimiento. Pongamos un ejemplo muy sencillo. Si a tu hijo y a ti os encanta el chocolate, cuando lo veas volverse loco ante una chocolatina que le han ofrecido, sentirás simpatía por sus sentimientos. Tú también te volverías loco. Si, en cambio, a tu hijo le encantan las chuches y a ti no, cuando lo veas dar botes ante una bolsa de chuches podrás sentir empatía. Tú no te pondrías a dar botes de contento, pero, conociendo a tu hijo, lo entiendes y te sientes alegre por él.

Simpatía　　　　　　**Empatía**

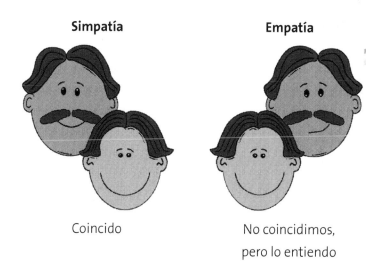

Coincido　　　　No coincidimos,
　　　　　　　　pero lo entiendo

La empatía puede utilizarse tanto para ayudar al niño a calmarse en situaciones en las que está angustiado o desbordado por emociones como la tristeza, la frustración, el enfado o los celos, como para ayudarlo a aumentar su inteligencia emocional. En ambos casos, el hecho de escuchar al niño con empatía va a ayudarlo a comprenderse y a conectar sus emociones con sus pensamientos. En definitiva, la empatía es una puerta hacia el autoconocimiento y la propia aceptación, que podemos utilizar con el niño desde el mismo momento del alumbramiento. Cada vez que un bebé llora y su mamá sabe que necesita tomar el pecho, ocurren dos cosas. En primer lugar, que la madre está ofreciendo una respuesta empática a la necesidad del niño y, en segundo lugar, que el bebé comienza a entender que un poco de leche puede calmar la angustia que sentía. Se da inicio al viaje del autoconocimiento al aprender una lección tan sencilla sobre sí mismo como que cuando le duele la tripita significa que tiene hambre, y que esta se calma con comida. Este es un viaje que no acaba nunca. Los adultos experimentamos a diario momentos en los que nos sentimos contrariados, alegres, malhumorados, tristes o nerviosos, sin llegar a saber qué es lo que nos ocurre o cómo podemos sentirnos mejor. Tú tienes la oportunidad de iniciar este viaje con el niño, teniendo en cuenta sus sentimientos y siendo empático cada vez que se encuentre desbordado por las emociones. Notarás que se calma antes, que supera sus miedos y angustias y que la relación entre vosotros crece.

Por qué funciona la empatía

Como recordarás, en el cerebro del niño –y también en el del adulto– hay dos universos: el cerebro emocional y el racional. Ambos mundos tienden a funcionar de una manera independiente, y cuando experimentamos una emoción muy intensa resulta casi imposible dominarlo. Es como un caballo desbocado al que ni el maestro ni el padre, ni mucho menos el propio niño, son capaces de apaciguar. La razón por la cual la empatía es una herramienta tan poderosa es porque cuando la persona escucha una respuesta empática, se produce en su cerebro un efecto maravilloso. El cerebro racional y el cerebro emocional sintonizan, y esto tiene un efecto calmante sobre el cerebro emocional. Esto ocurre gracias a que las respuestas empáticas activan una de las regiones que sirven de puente entre ambos mundos. Una región que está localizada en un enclave estratégico entre el cerebro emocional y el racional, escondida en un pliegue profundo a la que solo podemos acceder separando los lóbulos temporal, parietal y frontal. A esta región aislada entre los dos mundos la conocemos como «ínsula».

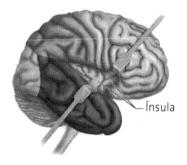

Ínsula

Corteza insular
- Gusto y olfato
- Interpretar señales corporales
- Identificar emociones
- Experimentar emociones
  –Amor
  –Asco
  –Odio
  –Tristeza

Cuando una región del cerebro emocional se excita en exceso debido a la frustración, la tristeza o a cualquier otra emoción que resulte muy intensa, el niño no será capaz de dominar su estado de ánimo. En estos casos aparecen las rabietas, las situaciones en las que el niño se cierra en banda y no es capaz de obedecer o los comentarios difíciles de asumir por los padres. Literalmente, el niño está fuera de sí, fuera de su parte racional. Para ayudarlo a calmarse, a entrar en razón, la mejor estrategia es acompañar un abrazo de una reflexión empática que desactive la intensidad de la emoción; un comentario que abra ese puente entre los dos mundos y permita al cerebro racional del niño apaciguar sus emociones, o al menos escuchar los comentarios de los padres.

Educar con empatía

La principal dificultad para echar mano de la empatía como herramienta del desarrollo cerebral es que la mayoría de las madres —y la infinita mayoría de los padres— tienen dificultades en el manejo y el conocimiento de sus propias emociones. Como decíamos anteriormente, la mayoría de los adultos nos sentimos con frecuencia desbordados o, por lo menos, desconcertados con nuestras propias emociones. Nos podemos sentir enfadados, tristes o frustrados sin causa aparente, y no llegamos a entender ni cómo nos sentimos realmente ni qué consiguió ponernos de ese humor. Solo algunas personas son realmente capaces de entender con precisión sus sentimientos, sus emociones y sus necesidades y actuar con sabiduría –normalmente, después de haber hecho una terapia de autoconocimiento y de crecimiento personal–. Sin lugar a dudas, estas personas tienen una clara ventaja a la hora de afrontar la educación emocional de sus hijos, pues parten de un conocimiento más profundo de ellos mismos y del mundo de las emociones. Para muchos otros adultos, educar en emociones puede ser algo tan difícil como para un maestro analfabeto enseñar a leer a sus alumnos. Si realmente quieres progresar en tu propio conocimiento –para ayudar así a tus hijos–, te recomiendo que inicies una terapia de crecimiento personal. Para aquellos que no están en ese momento –y, mientras tanto, para todos–, un buen ejercicio es desempolvar el diccionario de las emociones.

La mayoría de los adultos se manejan con un vocabulario emocional propio de un libro del tipo *Aprenda español en tres semanas*. Los sentimientos más conocidos por los adultos son «bien» y «mal», que ni siquiera son sentimientos. Algunos son capaces de identificar, en un alarde de introspección y de apertura al mundo, otros cuatro sentimientos: «contento», «triste», «enfadado» y «fastidiado» –esta última, en todas sus versiones malsonantes–. La realidad es que todos conocemos alrededor de cien palabras que expresan emociones y sentimientos, pero no las utilizamos en nuestra vida cotidiana. Una de las razones es que en nuestra sociedad no parece del todo apropiado hablar en público de las emociones, la otra es que nos es difícil identificar una palabra concreta con un sentimiento que no percibamos con claridad.

Afortunadamente, los tiempos están cambiando y hoy en día sabemos que estar en contacto con nuestras emociones aporta muchas ventajas; la principal: aumentar nuestra inteligencia emocional.

Para ayudar a los alumnos que quieran mejorar su capacidad empática y saber cómo funciona la empatía, suelo pedirles que imaginen que el mundo de las emociones es como una gran radio. En esa radio tenemos distintas frecuencias o emociones básicas, y cada una de las frecuencias se puede escuchar en un volumen más o menos intenso. Así, la pena y la tristeza están en la misma frecuencia emocional, pero la pena tiene una intensidad menor. La alegría y la euforia están también en la misma frecuencia, y, en este caso, la euforia tiene una mayor intensidad. A la hora de dar una respuesta empática eficaz es muy importante coincidir en la frecuencia con la emoción que experimenta la persona, pero también sintonizar la intensidad. Imagínate que eres un veinteañero que va a una fiesta un sábado por la noche y el anfitrión se pasa toda la noche escuchando jotas aragonesas. Seguramente, el tipo de música no sintoniza con el ánimo de los asistentes, y estos, decepcionados, abandonarán la fiesta. El resultado sería el mismo si el estilo de música es acertado, por ejemplo, *rock*, pero el volumen es tan bajo que se diluye entre los murmullos. De la misma manera, una pareja de adolescentes que quiere tener un momento romántico en la parte de atrás del coche, elegirá una emisora tranquila y un volumen suave. Una balada de «la gramola» a todo meter no propiciará el ambiente íntimo, y una canción de *hard rock* a un volumen bajo, tampoco. Por eso, si quieres empatizar con tu hijo, es importante que sepas sintonizar con sus emociones. A la hora de dar respuestas empáticas que conecten con el niño es tan importante acertar en la frecuencia emocional como en la intensidad. Si tu hijo llora sin consuelo porque acaba de perder su colección de cromos, no vas a sintonizar con él si lo regañas por haberlos perdido; eso no es empatía. Tampoco responderá muy bien si le dices que está enfadado, porque sus sentimientos sintonizan más con la tristeza. La mejor manera de conseguir que ese niño se abra y comience a calmarse será reconocerle que debe sentirse «muy muy triste» o «desconsolado», y acompañarlo de un buen abrazo que contenga su desconsuelo. De la misma manera, si Manuela acaba de adoptar un caracol como su nueva mascota y se lo está enseñando a toda la familia con cara de felicidad, posiblemente no conectará con un comentario como: «Estás contenta», porque la intensidad se queda corta; el papá o la mamá hará bien en decirle con efusividad: «Manuela, estás muy ilusionada con tu nueva mascota, ¿verdad?». Seguro que este comentario la ayudará a sentirse entendida y a compartir con su papá o su mamá todos los planes que tiene para su nuevo amiguito, como la casa que van a construirle o el tipo de comida que van a darle. En la página siguiente tienes dos tablas con algunas de las principales emociones ordenadas por frecuencia e intensidad.

En estas tablas solo he incluido unos cincuenta sentimientos y emociones. El repertorio de emociones en el ser humano es mucho mayor y seguramente encontrarás en la

Emociones agradables

intensidad + ◄ ► -

Placidez	Alegría	Amor	Motivación	Satisfacción
A gusto	Contento	Simpatía	Animado	Orgulloso
Cómodo	Alegre	Amistad	Motivado	Reconocido
Tranquilo	Ilusionado	Cariño	Emocionado	Satisfecho
Relajado	Feliz	Querer	Ilusionado	Contento
	Eufórico	Amor	Entregado	
		Enamoramiento	Entusiasmado	

Frecuencias

Emociones desagradables

intensidad + ◄ ► -

Enfado	Nervios	Miedo	Frustración	Tristeza	Cansancio
Enrabietado	Nervioso	Con miedo	Rabioso	Desconsolado	Agotado
Enfadado	Excitado	Asustado	Frustrado	Dolido	Harto
Irritado	Inquieto	Agobiado	Fastidiado	Triste	Aburrido
Molesto		Avergonzado		Desilusionado	Cansado
Disgustado		Preocupado		Apenado	
		Nervioso		Siente lástima	

Frecuencias

expresión emocional de tus hijos distintos matices. Sin embargo, estas cincuenta emociones configuran un repertorio emocional suficientemente amplio como para poder conversar con tus hijos de cualquier tema, y calmarlos casi en cualquier situación, ayudándolos así a conocer sus propios sentimientos. Habrás notado que no he clasificado las emociones en «positivas» y «negativas», como suele ser habitual. La razón es muy sencilla. Todas las emociones son positivas en sí mismas y, por lo tanto, es importante reconocerlas y darles cabida en el mundo del niño. No debemos estigmatizar ningún sentimiento, pues todos ellos son importantes. La rabia puede ayudarnos a luchar por nuestra vida en una situación determinada, la frustración nos predispone a hacerlo mejor la siguiente vez y la tristeza nos ayuda a percibir la belleza de las cosas y a valorar nuestras necesidades, así como a entender los sentimientos de los demás.

Practiquemos

Diego le dice a su mamá, muy enfadado: «Odio a mi hermano».

En lugar de decir: «No puedes odiar a tu hermano. Tienes que quererlo».

Prueba con: «Claro, a ti te enfada que mamá pase mucho tiempo con Pedrito, ¿verdad? Echas de menos que mamá esté más tiempo contigo».

María está desconsolada. Ella quería ir al parque, pero se ha puesto a llover. Lleva cinco minutos llorando y cada vez lo hace más fuerte.

En lugar de decir: «María, cálmate. Venga, estate tranquila… Otro día podemos ir al parque».

Prueba con: «Jo, qué rabia, ¿verdad? ¿A que tú tenías muchas ganas de ir al parque?».

Alejandro está totalmente enrabietado. Estáis saliendo del supermercado y quiere que le compres una piruleta.

En lugar de decir: «Alejandro, no sigas llorando. No voy a comprarte la piruleta».

Prueba con: «Claro, estás muy enfadado porque tú quieres que mamá te compre la piruleta».

Estrella llega a casa triste de la escuela, aunque no sabe explicar por qué.

En lugar de decir: «Estrella, venga, vamos a animarnos. ¿Quieres jugar a las princesas?».

Prueba con: «Estás un poquito triste, ¿verdad?», «Sí, un poco», «Sí, yo te veo con carita de pena».

Está claro que hacer un único comentario empático a un niño enrabietado en la fila del supermercado no va a disolver la rabieta inmediatamente. Hay que insistir. Conviene ir dando al niño unas cuantas respuestas empáticas, a la vez que vamos calmándolo y animándolo a estar tranquilo. Con el primer comentario empático conseguiremos captar toda su atención, pero harán falta cuatro o cinco o los que sean necesarios para que el niño reduzca suficientemente su nivel de malestar.

La empatía no solo se refleja con las palabras. Una mirada de comprensión, una caricia, un beso o un abrazo pueden ayudar a entender mucho más que una palabra. No tengas ningún miedo de acompañar a tu hijo en sus sentimientos con una muestra física de afecto. Cogerlo en brazos y darle un beso o un buen abrazo lo ayudará a sentirse comprendido y a calmarse.

Un último consejo: para escuchar al niño con empatía es importante desconectarnos de nuestro mundo de adultos, escapar de nuestros dogmas y prejuicios. Ponte en el lugar del niño, entra en su mente infantil e intenta pensar cómo se siente. Cómo te sentirías tú si estuvieras en su lugar. Pongamos un ejemplo. Intenta imaginar cómo te sentirías si la persona que más quieres en el mundo –tu esposo o tu esposa– tuviera un momento íntimo con alguien como tú, pero más joven y tierno, todas las noches. Seguramente así se sentirá el niño que descubre cómo su madre –la persona que más quiere en el mundo– pasa ahora más tiempo con su hermano recién nacido. ¿No crees que tú también lo odiarías un poquito?

Recuerda

La empatía permite conectar el cerebro racional y el emocional del niño. Todas las emociones son importantes y valiosas.

Escuchar al niño con empatía va a ayudarlo a identificar sus sentimientos y a mejorar su inteligencia emocional. La empatía también es una herramienta útil para ayudar al niño a sobrellevar lo que venga y a calmarse en situaciones en las que se ve desbordado por la angustia, el enfado o la frustración. Una respuesta empática puede ayudar a calmar las emociones intensas cuando el niño no es capaz de hacerlo por sí mismo.

11.
Comunicación

«La mayor influencia en la educación se encuentra en la conversación que se da en casa.»

WILLIAM TEMPLE

Una buena comunicación es la que permite a dos personas conectarse. En el caso de la comunicación entre padres e hijos, la buena comunicación ayuda al niño a conectar ideas, emociones y estilos de pensamiento. Si esperabas encontrar técnicas complejas y ejercicios para estimular el cerebro de tus hijos, me alegra decirte que llegar a la mente de tu hijo es mucho más sencillo de lo que imaginas. Cada día, en las cocinas, dormitorios o cuartos de baño de millones de hogares de todo el planeta, los papás y las mamás obran el milagro de ayudar a sus hijos a establecer conexiones neuronales que desarrollan su capacidad intelectual y emocional. Para lograrlo se valen de una herramienta tan sencilla como eficaz: la comunicación.

Gracias a una infinidad de estudios sabemos que la comunicación entre padres e hijos es la principal vía de desarrollo intelectual durante los primeros años de vida. La memoria, la concentración, la abstracción, el conocimiento del medio, la autorregulación y el propio lenguaje necesitan de la comunicación para llegar a florecer. El cerebro del niño está programado para aprender y adquirir todas las habilidades intelectuales características del ser humano, pero sin el estímulo de sus padres, sin la conversación, nunca llegará a desarrollarse plenamente. Por ejemplo, la capacidad de comprender y emitir palabras es algo innato en cualquier persona, y, sin embargo, el niño no puede desarrollarlo por sí mismo. Necesita tener el estímulo del adulto para poder adquirir esta herramienta. Ni Cervantes ni Shakespeare habrían podido escribir sus celebradas obras si no hubieran aprendido a hablar primero, con la ayuda de su papá y su mamá. La inteligencia es otra habilidad que se desarrolla principalmente gracias a las conversaciones entre padres e hijos. Si Einstein hubiera sido criado por una manada de chimpancés, nunca habría podido aprender a hablar y su ilimitada capacidad de razonamiento se habría ahogado en el limitado universo de las ramas y las bananas.

Durante todo el libro vas a poder ver ejemplos de maneras eficaces de comunicar; estilos comunicativos que estimulan la colaboración, promueven la confianza mutua, estimulan una memoria más organizada o ayudan al niño a desarrollar una forma de pensamiento positivo. En los capítulos previos has podido conocer cómo la comunicación empática o aquella que refuerza las conductas positivas y que pone límites con cariño pueden resultar útiles para que el niño interiorice las normas sociales y sepa apaciguar sus ánimos cuando están desbocados. En este capítulo vamos a detenernos en una técnica de comunicación muy concreta, que va a permitirte conectar de una manera más efectiva con el cerebro del niño. Si utilizas esta sencillísima técnica, te será más fácil guiar a tu hijo, porque su principal virtud es la de facilitar la colaboración del niño con el adulto.

Comunicación cooperativa

Voy a pedirte que te imagines una situación de lo más cotidiana que se puede dar con tu pareja. La cocina está patas arriba y la verdad es que te toca recoger a ti. Sin embargo, te vence la pereza y, francamente, no te apetece ponerte a recoger. Quiero que leas estos dos ejemplos e indiques en cuál de los dos casos sería más probable que colabores con lo que tu pareja te pide.

Ejemplo A

«La cocina está hecha una pocilga. Llevo media hora esperando que la limpies y tú no haces nada. Solamente estás ahí sentado viendo la televisión. Limpia ahora mismo toda la cocina.»

Ejemplo B

«Cariño, ¿te has fijado en que la cocina está bastante sucia? Estoy un poco agobiada porque ya no quedan ni platos para cenar. ¿Qué te parece si apagamos la tele y la recogemos? ¿Me ayudas?»

El primer ejemplo refleja un estilo de comunicación inquisitivo. El segundo es un ejemplo de lo que yo llamo «comunicación cooperativa». La comunicación cooperativa o colaborativa es un estilo de comunicación derivado de las investigaciones de Elaine Rees, Robyn Fivush y otros científicos que estudian la comunicación entre padres e hijos. Este estilo de comunicación aumenta la probabilidad de que el niño colabore con el adulto en cualquier tarea que este le proponga. Se puede utilizar cuando queremos que el niño se siente a la mesa a cenar, recoja el cuarto de los juguetes o, simplemente, nos escuche con más atención cuando le estamos explicando algo. Es una técnica de comunicación muy extendida entre los profesionales que trabajan con personas con discapacidad intelectual, entre ellos los que trabajan con niños con problemas de conducta, déficit de atención o dificultades cognitivas. La razón de que esté tan extendida es que, independientemente del estilo de comunicación que cada persona haya desarrollado a lo largo de toda su vida, sabemos que este estilo de comunicación se puede enseñar a través de un entrenamiento. Muchos profesionales lo hacen, y también se han hecho estudios en los que a través del entrenamiento de distintos grupos de padres en técnicas similares a las que yo voy a enseñarte se logró mejorar la comunicación entre padres e hijos.

La comunicación cooperativa no es una técnica infalible, siempre existe la posibilidad de que el niño no quiera colaborar, pero la realidad es que este estilo de comunicación favorece en gran medida la colaboración del niño con el adulto. Sin embargo, su principal virtud no estriba en conseguir que el niño colabore mejor, sino en facilitar que este se conecte con el pensamiento del adulto. A continuación puedes leer una breve descripción de los cuatro puntos más característicos de esta forma de comunicación.

Haz de la tarea un trabajo en equipo

La eficacia de la comunicación cooperativa radica en solicitar la colaboración del niño y en hacer de las tareas un trabajo en equipo. Cuando el niño se siente acompañado, la tarea parece más amena y sencilla que cuando tiene que hacerla solo. Las amigas van al baño juntas, los chicos prefieren ir a hablar con las chicas en grupo y los padres se asocian en las escuelas para obtener mejoras en la educación de sus hijos. Todos estamos más dispuestos a acometer una tarea que parece algo difícil si nos sentimos acompañados. Para el niño, «quítate la ropa» suena mucho más difícil y solitario que «vamos a quitarnos la ropa». Es solo una forma de hablar. No tienes que quitarte la ropa, solo presentarle el mensaje al niño de tal manera que su cerebro entienda que va a ser algo fácil para él.

Pide colaboración

La segunda ventaja de la comunicación cooperativa es que cuando el niño entiende que el adulto le pide colaboración, la probabilidad de que responda positivamente aumenta. La explicación de este fenómeno es muy sencilla. El ser humano es un ser social. Le gusta sentirse acompañado y disfruta de recibir y ofrecer su ayuda a los demás. Lo llevamos en los genes. Algunos estudios demuestran que desde que tenemos un año y medio de edad sentimos el impulso de ayudar a quien lo necesite. El niño de esa edad es capaz de acercar los objetos que la otra persona no puede alcanzar, y a medida que se hace mayor tiende a consolar a quien esté triste y a ayudar al otro siempre que pueda o se lo pidan. Esta tendencia es, además, mucho más fuerte entre los miembros de una misma familia. Tu hijo quiere ayudarte, quiere estar contigo, y eso hará que sea más propenso a hacerte caso si se lo transmites pidiéndole u ofreciéndole colaboración. Si quieres que tu hijo guarde sus juguetes, en lugar de ordenarle: «Recoge tus juguetes», puedes probar a pedirle: «¿Me ayudas a guardarlos?».

Ayúdalo a pensar

A veces a los niños les cuesta trabajo colaborar simplemente porque no están pensando lo mismo que sus papás o sus mamás. Puede que tú veas que se está echando la noche encima, que todavía no han cenado y que les has prometido leerles un cuento muy especial. En este caso, puedes empezar a ponerte nerviosa y a demandar a los niños un poco más de prisa, cuando ellos están perfectamente felices enredando la comida. En estos casos, dirigir la atención hacia lo que a ti te preocupa puede resultar muy útil. Puedes decirles cosas como: «Fijaos, se está haciendo un poco tarde y si no nos damos prisa, no vamos a llegar a la escuela», «Mira, tu hermanito está muy cansado porque no ha dormido la siesta, así que no juegues con él ahora porque se pone a llorar por todo». También puedes hacer preguntas al niño que le permitan ponerse en tu lugar, como por ejemplo: «¿Cómo crees tú que podríamos arreglarlo?», «¿Qué te parece a ti?». Si consigues implicar al niño en tu curso de pensamientos, entenderá mejor lo que sientes y lo que necesitas de él y habrá mayor probabilidad de que colabore contigo.

Ofrécele libertad

Sé que a muchos padres puede parecerles una locura, pero la realidad es que es más probable que el niño haga lo que le pedimos si le dejamos cierto grado de libertad en vez de ordenarle hacer las cosas. A cualquiera de nosotros nos gusta sentir que podemos elegir, y nos enfadamos cuando nos sentimos obligados. A los niños les pasa igual. Colaboran mejor cuando les ofrecemos libertad. Parte del truco está en que mientras deciden qué quieren hacer, no son capaces de enfadarse y de pelear contigo, pero también colaboran mejor, pues ofrecerles libertad los ayuda a sentirse respetados y valorados. En lugar de decirle: «Tienes que poner la ropa sucia en el cesto y ponerte el pijama», prueba a preguntar: «¿Qué prefieres hacer primero: ponerte el pijama o tirar la ropa sucia al cesto?». Así, una situación que normalmente es difícil para el niño se convierte en un momento positivo. Puedes darle a elegir entre tomar primero la sopa o el pescado, lavarse los dientes con la pasta de niños o la de mayores, bañarse en la bañera o ducharse y un largo etcétera de opciones que harán que tu hijo colabore mejor y aprenda, además, a tomar sus propias decisiones.

Recuerda

Distintos estilos de comunicación pueden ofrecer un mejor o un peor resultado a la hora de conseguir que el niño colabore con el adulto. El estilo de comunicación más eficaz es aquel que hace de la labor un trabajo en equipo, que pide colaboración, que implica al niño en el pensamiento del adulto y que le permite sentirse parte de la toma de decisiones. La comunicación cooperativa no es un método infalible, pero, aun así, aumenta de una manera significativa la probabilidad de que el niño se ponga en el lugar del adulto y colabore con él.

PARTE III
Inteligencia emocional

12.
Educar la inteligencia emocional

«Si tus habilidades emocionales no están desarrolladas, si no eres consciente de ti mismo, si no eres capaz de manejar tus emociones estresantes, si careces de empatía y afectividad en tus relaciones, no importa lo inteligente que seas, no vas a llegar muy lejos.»

DANIEL GOLEMAN

Como ya has podido comprobar en sus miradas, sonrisas, llantos y berrinches, el cerebro del niño es algo mucho más tierno y emotivo que una computadora. Realmente, el cerebro emocional tiene un protagonismo indiscutible en el niño, que se mueve por la ilusión, la rabia, el deseo, el miedo, y, por eso, comprender sus emociones, aprender a dialogar con ellas y saber cómo se puede apoyar el desarrollo emocional es una gran ventaja para aquellos padres que sepan cómo hacerlo.

La importancia del cerebro emocional va mucho más allá de su papel en los seis primeros años de vida y en la relación, durante este periodo, entre padres e hijos. Gracias a un sinfín de investigaciones recientes sabemos que el cerebro emocional desempeña un papel crucial en la vida de las personas adultas. Pongamos tu caso como ejemplo. No te conozco de nada y, sin embargo, no puedo imaginarme a un padre que no sienta emociones intensas cuando su hijo recién nacido abre los ojos y lo mira por primera vez, cuando envuelve con su diminuta mano el dedo de su papá o su mamá, cuando da sus primeros pasos o cuando se queda dormido en sus brazos. En el momento en que un hijo llega a nuestras vidas, los padres estamos expuestos a un verdadero crisol de emociones. En estos momentos preciosos el impacto de las emociones es claro, pero pocas personas conocen la influencia de su cerebro emocional en otros aspectos de su vida. El cerebro emocional está presente en todas las acciones de tu vida cotidiana. Cada vez que compras un producto, cada mañana cuando eliges un asiento en el transporte público, cuando decides si cruzas o no cruzas un semáforo en ámbar o cuando decides lo que vas a cenar, tu cerebro emocional está dejándote saber cómo se siente con cada una de las alternativas. Lejos de acoquinarse ante las decisiones más importantes de la vida, como escoger a una persona para compartir nuestra vida, plantear un proyecto en la empresa o decidir si compramos una casa, el cerebro emocional crece y ejerce una influencia poderosa, a veces irrefrenable, sobre el cerebro racional. Sabemos que las mayores decisiones que tomamos en nuestra vida son decisiones basadas en la emoción, y solo en un pequeño porcentaje, en la razón. En este sentido, las emociones son como la materia oscura del universo: con frecuencia no pueden verse, pero suponen un 70 % de la energía cerebral.

Si hay una idea que durante las últimas décadas ha trascendido el ámbito de la psicología para colarse en nuestras vidas, es la de que, además de una inteligencia formal o racional, todo ser humano está equipado con una inteligencia emocional. Desde que Daniel Goleman publicó su famosa obra, *Inteligencia emocional*, la popularidad del concepto y sus aplicaciones no han parado de crecer. Según Goleman, así como hay una inteligencia racional que utilizamos para resolver problemas lógicos, hay una emotiva que nos ayuda a lograr nuestras metas, y sentirnos bien con nosotros mismos y con los demás. Como ya has aprendido, el cerebro humano cuenta con un ámbito de procesamiento que denominamos «cerebro emocional» y que se encarga de la faceta emotiva de la persona. Una de las principales aportaciones de la inteligencia emocional ha sido la de poner en valor los sentimientos y las emociones de las personas. Ahora, por fin, experimentar bienestar es un signo de inteligencia tan importante como resolver un complejo problema matemático.

Después de años de investigación sabemos que las personas con mayor inteligencia emocional no son solo más felices, sino que también toman decisiones más acertadas, tienen más éxito en los negocios y son mejores líderes. En cualquier ámbito de la vida en el que haya que tratar con personas, la inteligencia emocional ofrece una ventaja a favor de quien la tenga más desarrollada. Personalmente, lo tengo claro; aunque en casa damos mucho valor a un desarrollo cerebral equilibrado, en lo que a educación se refiere mi esposa y yo sentimos debilidad por la faceta emocional. No es que nos enternezca más, simplemente elegimos dar una atención prioritaria al desarrollo emocional de nuestros hijos, en parte porque nuestros valores nos invitan a pensar así, aunque también porque como neuropsicólogo sé que todo el cerebro intelectual se construye sobre el cerebro emocional.

Ahora que sabes de la importancia de la inteligencia emocional tanto en el bienestar del niño como en su capacidad para relacionarse con otras personas y conseguir sus metas, estoy convencido de que estás deseando conocer cómo puedes apoyar el desarrollo de su cerebro emocional. Me alegra que tengas esa inquietud. En esta tercera parte del libro vamos a explorar juntos algunos componentes de esta inteligencia y voy a enseñarte los principios y las estrategias que van a permitirte nutrir el cerebro emocional del niño.

13.
Vínculo

«La infancia es el jardín en el que jugaremos de mayores.»

ANÓNIMO

Cuando los psicólogos hablamos de «vínculo», nos referimos a la relación que el niño establece con los padres y con el mundo que lo rodea. El mundo del niño es pequeño. Cualquier niño sabe que su mamá es la más guapa, la más buena y la más lista y que su papá es el más fuerte y valiente de todos los papás del mundo. Para el niño, sus padres son el cielo, la Tierra y su punto de referencia en el universo. Con base en ellos se crean una imagen de cómo es el mundo que los rodea. Si disfrutaste de unos padres amorosos, sentirás el mundo como un lugar bueno y seguro. Si alguno de ellos era excesivamente autoritario, duro o exigente, es posible que sientas que tienes poco valor, que tus problemas no son importantes o que te cueste sentirte satisfecho contigo mismo y con los demás. Para muchos psicólogos, el vínculo que se establece entre padres e hijos es la clave de la autoestima. Cuando un niño se siente seguro y querido incondicionalmente, crece sintiéndose una persona valiosa y que merece sentirse bien. Ayudar a tu hijo a tener una buena autoestima es ofrecerle la posibilidad de una vida feliz. Piénsalo bien, el mundo está lleno de personas que lo tienen todo y que, sin embargo, se sienten desgraciadas. Puedes tener un buen trabajo, amigos, una pareja estupenda, mucho dinero o una familia maravillosa y, sin embargo, si no te valoras a ti mismo, si no te quieres, nada de lo que hayas conseguido importará porque no te hará sentir realmente bien. Desde mi punto de vista, no hay nada más importante que ayudar a un niño a sentirse bien consigo mismo y por eso en este capítulo, dirigido a la educación del cerebro emocional, vamos a explorar las claves de una relación que te permita ayudar a tu hijo a desarrollar una gran autoestima.

Conocemos la importancia del vínculo gracias a las investigaciones de un psicólogo estadounidense llamado Harry Harlow. Este científico llegó a la Universidad de Wisconsin con el firme propósito de profundizar en los procesos de aprendizaje durante la infancia. Para ello decidió estudiar macacos, pues son mucho más parecidos a los seres humanos que las clásicas ratas de laboratorio. Como en todo experimento, una de las cuestiones más importantes es tener controladas todas las variables; por eso el doctor Harlow decidió construir unas jaulas exactamente iguales, asignar unos horarios estrictos de luz y oscuridad, unas raciones idénticas de comida y bebida y, para evitar influencias incontrolables de las propias madres, separó a todos los bebés macacos de sus mamás exactamente en el mismo momento. Aunque Harlow solo quería a los bebés macacos para realizar diversas pruebas de aprendizaje, enseguida se dio cuenta de que algo no iba bien. Los monos privados del contacto materno comenzaron a presentar problemas psicológicos graves. Algo más de una tercera parte de ellos se arrinconó en una esquina de la jaula y se mostraban apáticos y tristes. Otro tercio desarrolló conductas agresivas: atacaban a sus cuidadores, a otros monos y se mostraban ansiosos, moviéndose incesantemente dentro de su jaula. El resto simplemente murió de angustia o pena. Este hallazgo fue tan importante que Harlow dedicó el resto de su carrera a estudiar la importancia del apego. En uno de sus más célebres estudios ofreció a monos que no podían ver a su mamá un muñeco de trapo con el que pasar la noche. Fascinantemente, estos monos dormían abrazados a su muñeco de trapo y apenas experimentaron problemas psicológicos. Aún más revelador puede ser el siguiente experimento que se realizó para comprobar la fuerza de la necesidad de apego. Cada noche, Harlow ofrecía a los monos la posibilidad de dormir en una de dos jaulas: en la primera, un muñeco hecho de alambre sujetaba un biberón de leche caliente. En la segunda, solo estaba *su* muñeco de trapo. Aunque los monos no habían comido nada desde hacía horas, todos los bebés elegían, día tras día, renunciar al alimento y pasar la noche con su mamá de trapo.

Han sido muchas las investigaciones que han estudiado la importancia del vínculo en el desarrollo del niño. Pero una vez explicados los experimentos realizados con monos, estoy seguro de que has entendido la importancia crítica que tiene la relación entre madre e hijo para un desarrollo saludable del cerebro emocional. Podríamos decir que la sensación de seguridad que obtiene el niño al estar en brazos de su papá o de su mamá es la base sobre la que se asienta todo el desarrollo emocional. Sin un vínculo de confianza y seguridad, el niño puede tener serias dificultades para relacionarse con los demás y con el mundo.

La verdad es que, en este sentido, tu hijo es un privilegiado. Las generaciones pasadas no conocían la importancia del apego en el desarrollo emocional sano. Cuando tus padres te criaron a ti, no había una conciencia tan clara respecto a este tema, en parte porque cuando los criaron la concepción era totalmente al revés. Cuando tus abuelos criaron a tus padres, la corriente más extendida en la crianza del niño dictaba que los padres tenían la responsabilidad de fortalecer la personalidad de sus hijos. Disciplina, mano dura y una ración raquítica de cariño eran la receta para forjar el carácter del niño. Muchos acudían a internados con unos pocos años de edad y los padres, tan autoritarios por aquel entonces, regañaban a las madres que se mostraban excesivamente afectuosas. Afortunadamente, los tiempos han cambiado y hoy sabemos mucho acerca de cómo puedes ayudar a tus hijos a desarrollar un vínculo de confianza y seguridad con el mundo.

La hormona del apego

La verdadera unión de una familia no se forja por los lazos de sangre, sino a través del cariño y del respeto mutuo. Para el niño, el apego comienza en el vientre materno. Sabemos que desde el sexto mes de embarazo el feto reconoce la voz de la madre, aunque es en el momento del parto en el que el bebé pasa por su primer momento de separación. Hasta entonces el bebé era uno con la madre y, por lo tanto, no necesitaba sentir que existía. La verdad es que el momento del parto puede ser una experiencia muy distinta para el bebé y para la madre. La mamá ha leído libros, ha recibido cursos, ha compartido sus ilusiones con su pareja y, sobre todo, lleva meses esperando conocer a su hijo. El bebé, por su parte, no tiene idea de lo que va a ocurrir. No espera a nadie ni tiene esa ilusión forjada durante meses de encontrarse con alguien especial. Sin embargo, a los dos los une una experiencia común: la sensación de unión más fuerte que pueden experimentar dos seres humanos. Olvídate del momento en que pensaste que si tu novia te dejaba te morías o en el que sentiste que eras uno con tu pareja porque incluyó en aquel CD todas las canciones que más te gustaban. La unión entre el bebé y la madre es inigualable, y parte de la magia del vínculo en el momento del alumbramiento es obra de una hormona: la oxitocina, una hormona que aparece durante el parto y que, entre otras cosas, permite a la mujer soportar los dolores del alumbramiento. Lo que quizá no sepas es que también es la hormona del amor y que durante el alumbramiento y las horas sucesivas los niveles de oxitocina en tu cerebro y en el de tu bebé alcanzan su punto álgido. Esto permite que se cree una sensación única de unión entre el bebé y su madre. Los meses posteriores mamá e hijo van a compartir momentos de gran intimidad y contacto físico, especialmente cuando le da el pecho o el biberón, lo sostiene en brazos, comparten miradas o cuando hasta las dulces palabras de la madre parecen acariciar los oídos del bebé. Mientras esto sucede, los papás también pueden construir su propio vínculo con su hijo cambiando pañales, vistiéndolo y tomando la responsabilidad de bañar cada día al bebé. El contacto físico y las miradas que van a compartir irán afianzando y fortaleciendo esa unión que, si se cuida adecuadamente, durará toda la vida.

Crea un entorno seguro

El bebé se siente seguro cuando su cerebro sabe lo que va a pasar. Las rutinas ayudan mucho a que el bebé se sienta calmado y seguro. Intentar seguir unos horarios más o menos estables para vestirlo, alimentarlo, bañarlo o acostarlo va a ayudar a que esté más tranquilo, coma mejor o adquiera hábitos de sueño con mayor rapidez. Ser constantes con los espacios e, incluso, con las palabras que utilizamos durante los primeros meses para cambiarlo, vestirlo o acostarlo también va a ayudarlo a sentirse más seguro. No hace falta ni es recomendable ser rígido con las rutinas. Para el niño es tan importante saber que su entorno es seguro como aprender a ser flexible y adaptarse a los cambios. Unas rutinas calmadas y flexibles ayudan al niño a sentirse tranquilo y seguro en distintas situaciones; unas rutinas rígidas, en cambio, pueden contribuir a que su cerebro se sienta inseguro ante cualquier pequeño cambio.

Ocúpate de sus necesidades

Los estereotipos, las agencias de viajes y las películas de Hollywood nos invitan a pensar que debemos llevarlos de vacaciones a Disneylandia o agasajarlos con caprichos para crear una relación única con ellos. Nada más lejos de la realidad. Junto con el contacto físico, los cuidados más básicos que las madres y los padres tienen con sus hijos son la principal manera de construir el apego. Darle el pecho, prepararle la comida, vestirlo, limpiarlo, bañarlo o llevarlo a la escuela o al pediatra; en definitiva, ocuparte de las necesidades del niño es esencial para ofrecerle una sensación de seguridad y apego. Aunque pueda parecer algo material, estos cuidados son fundamentales para su supervivencia, puesto que el niño no puede satisfacerlos por sí mismo y, por lo tanto, su cerebro identifica y genera apego con aquellas personas que lo proporcionan. En este sentido, es importante que tanto los papás como las mamás se ocupen personalmente de los niños, pues es a través de los gestos más sencillos de cuidado que el niño construye una relación de amor y seguridad hacia los padres y hacia el mundo que lo rodea.

Sigue buscando el contacto físico

Poco a poco el bebé se hace mayor. Ya no toma el pecho, no necesita que sus papás lo lleven en brazos porque camina e, incluso, puede meterse en la camita solito. ¿Te imaginas el día en que ya no te dé un beso? ¿El día en que sienta tal desapego de ti que no quiera ir a visitarte con tus nietos? Seguro que no quieres ni imaginártelo. Todo padre y toda madre sueñan con tener una relación especial de por vida con sus hijos. Conseguirlo es tan sencillo como seguir construyendo ese vínculo toda la vida. A medida que crece, el cerebro del niño sigue necesitando la presencia de su papá o su mamá en forma de oxitocina. En realidad, todos necesitamos estar cerca de los demás para sentirnos seguros. ¿A quién no le sienta bien un abrazo? Puedes hacer muchas cosas para no perder el contacto físico y seguir construyendo ese vínculo que siempre has soñado tener con tu hijo. Cada vez que sostienes a tu hijo en brazos, le cepillas el pelo, lo abrazas o lo llevas a la escuela de la mano vuestros cerebros generan oxitocina, lo que hace que cada vez estéis más unidos. El hecho de ayudarse, de apoyaros el uno en el otro, también genera oxitocina, pero nada como el contacto físico para generar esa unión y ese vínculo de confianza del uno con el otro, y una de las mejores formas de lograrlo es jugando con ellos. Échate al suelo y permite que tus hijos se suban encima, te estrujen y te abracen. Inventa juegos en los que, de una manera civilizada, os agarréis, os peguéis y os mordáis; el juego favorito de mis hijos es el del Achuchosaurus, en el que su padre es un terrible dinosaurio que solo quiere dar achuchones a los niños. Siéntalos en tus rodillas para leerles muchos y muchos cuentos y cultiva la expresión del afecto dándoles un beso y un abrazo cada vez que los dejes en la escuela o salgas de casa para ir al trabajo. Piensa que esos pequeños gestos son los ladrillos que construirán el palacio de vuestra relación en el futuro.

Crea conversaciones recíprocas

Todos los padres quieren que sus hijos compartan con ellos sus experiencias, inquietudes e ilusiones. Para ello preguntan a su hijo todo lo que se les ocurre una vez que el niño ha salido de la escuela. Para cuando el niño haya cumplido seis años, ya se habrá cansado de «informar» a su madre de todo lo que ha hecho o ha pasado a lo largo del día. A nadie le gusta que lo interroguen o sentir que es el único que comparte sus intimidades. Una estrategia más eficaz que «interrogar» a tu hijo es la de buscar una comunicación recíproca. Hacerlo es realmente sencillo, solo tienes que compartir tus experiencias, inquietudes e ilusiones. Cuando llegues a la escuela para recoger a tus hijos, cuando aterrices en casa o a la hora de cenar puedes romper el hielo contando una anécdota de tu día. No hace falta que cuentes nada especial, puede ser algo tan sencillo como «Hoy he comido macarrones en el trabajo» o «Esta mañana he visto un perro *así* de grande cuando iba al trabajo». Piensa que si tú compartes con tus hijos experiencias extraordinarias, tu hijo actuará de una manera recíproca. Si además de compartir tus cosas eres capaz de meterte en su mundo y de pasar tiempo hablando de las cosas que realmente le interesan, como los personajes de sus dibujos favoritos o aprenderte los nombres de sus muñecos, tu hijo disfrutará realmente de conversar contigo porque sabrá que es una relación equitativa y recíproca.

La isla del desapego

En el capítulo dedicado a la empatía hablamos de la «ínsula», una región cerebral escondida entre dos pliegues y que es clave para el diálogo entre el cerebro racional y el emocional. Una de las principales tareas de la ínsula es entender y dar sentido a las sensaciones desagradables, y se activa con rapidez ante estímulos olorosos o gustativos repulsivos, como cuando olemos o probamos algo en mal estado. Cuando esta región se activa sentimos asco. Apartamos inmediatamente la cabeza, arrugamos la nariz para cerrar las vías olfatorias y sacamos la lengua en un intento de expulsar el desagrado de la boca. Lo más curioso de la ínsula, y la razón por la que la he traído a colación, es que desde hace unos pocos años sabemos que esta región se activa de una manera similar cuando el niño o el adulto perciben falsedad o injusticia. Parece sensato: la sensación de asco que nos aparta de lo que puede resultar dañino a nuestro organismo es similar a la sensación de desconfianza que nos aparta de quien puede provocarnos daño psicológico.

Cualquier persona sabe que mentir es una mala política. Sin embargo, muchos padres recurren a mentirijillas para conseguir que sus hijos se duerman, terminen su comida u obedezcan. Pueden ser viejos trucos como el del hombre del saco o mentirijillas como decir a un hijo que la tienda está cerrada cuando no nos apetece acercarnos a comprarle un muñeco que le prometimos. Si quieres mantener a tus hijos cerca de ti y ayudarlos a confiar en ellos mismos y en el mundo, evita incumplir tu palabra o utilizar la mentira para conseguir lo que quieres. El cerebro no puede permanecer cerca de alguien que miente o incumple su palabra. Le genera repulsión y desconfianza. En la relación padres/hijos, faltar a la palabra o mentir acabará provocando que el niño se aleje psicológicamente de sus padres. Por el contrario, los padres que no se esconden en las mentiras y que cumplen su palabra consiguen crear vínculos duraderos. No solo eso, en algunos estudios se ha demostrado que la probabilidad de que un niño obedezca es del doble cuando la persona que le pide algo es una persona que el niño considera digna de confianza porque cumple su palabra. Así que una buena política para todos aquellos papás y mamás que queréis crear una relación única y duradera con vuestros hijos es simplemente la de que cumpláis vuestra palabra; poned empeño en respetar vuestros pactos y haced de cumplir las promesas una prioridad. Para conseguirlo solo hace falta seguir una simple regla. No prometas nada que no puedas cumplir y no incumplas aquello que has prometido.

Hazlo sentir una persona valiosa

A veces los padres nos encontramos en el día a día siendo un auténtico rollo. «Termínate la leche», «Ponte los zapatos», «No pegues a tu hermano», «No te quites los zapatos», «Apaga la tele», etcétera. Seguramente, cualquier relación en la que una de las dos partes se pase el día dando órdenes o instrucciones a la otra tiene poco futuro. Estoy seguro de que tú piensas que tu hijo es una persona maravillosa. Por eso es importante que ese mensaje se exprese y esté más presente en vuestras conversaciones que el hecho de que se ponga o no los zapatos. Por eso voy a darte una máxima que cualquier padre puede tener a bien seguir con sus hijos.

> Que al final del día el número de comentarios positivos que has regalado a tus hijos supere con creces el número de órdenes, instrucciones o comentarios negativos.

Cuando supe que iba a ser padre me pregunté cómo podría disfrutar al máximo de la paternidad. Enseguida me vino una imagen a la cabeza: la de mis hijos saliendo a recibirme a la puerta de casa al grito de «¡¡¡Papáaaaaa!!!». Cinco años después puedo decir con satisfacción que mi sueño se ha hecho realidad. ¿Cómo lo he conseguido? Intento hacer sentir a cada uno de mis hijos que son personas realmente valiosas. Ya sé que lo son y ya sé que tú sabes que tus hijos también lo son, pero ¿realmente se lo haces sentir? Para lograrlo sigo una receta muy sencilla. Los miro como si fueran un verdadero tesoro. Les sonrío. Paso todo el tiempo que puedo con ellos. Los incluyo en mis planes, para que sepan que es un privilegio estar con ellos. Les hago ver y les digo que me encanta como son. Y mi arma secreta: cada vez que entro en casa tiro el abrigo al suelo, me pongo de rodillas y grito sus nombres con efusividad. Así ellos vienen corriendo a saludarme y me devuelven el mismo cariño que les doy. No esperes a que tus hijos te adoren si tú no les haces sentir primero a ellos que son especiales cada día de sus vidas. El secreto de tener la relación que siempre has soñado con tus hijos no es otro que construirla día a día con ellos.

Recuerda

Un vínculo positivo y seguro es necesario para el desarrollo cerebral del niño. La confianza en sí mismo y en el mundo en el que vive constituyen los cimientos de una buena inteligencia emocional. Para lograrlo, abrázalo y bésalo con frecuencia, pasad tiempo de calidad juntos y conversa con él de una manera recíproca, evita traicionar su confianza y hazlo sentir una persona valiosa y excepcional.

14.
Confianza

«Mi padre me hizo el mejor regalo que se puede hacer a un hijo. Creyó en mí.»

JIM VALVANO

Posiblemente, uno de los mayores regalos que puedas hacer a tu hijo es el de la confianza. No hay nada que haga llegar más lejos a una persona que sentirse capaz de lograr aquello que se propone. Como decía Roosevelt: «Si tienes confianza en ti mismo, ya has recorrido la mitad del camino». En el capítulo anterior hablamos de cómo un buen vínculo puede ayudar a que el niño desarrolle amor por sí mismo. La otra cara de la autoestima está en la confianza. Es difícil construir una buena autoestima si no se complementa con una buena dosis de confianza.

El niño que crece con confianza llega a ser un adulto que se siente bien consigo mismo y con los demás, que está seguro de las decisiones que toma, que puede reír a carcajada limpia y que siente la fuerza interior que otorga saber que puede alcanzar cualquier meta que se proponga en la vida. Estoy seguro de que no hay una madre, un padre o un maestro que no quiera que sus hijos o alumnos desarrollen una gran confianza en ellos mismos y se sientan capaces de hacer realidad sus sueños. Sin embargo, como podrás comprobar, a veces somos los propios educadores los que sembramos la duda en el cerebro del niño. En este capítulo vamos a detenernos en aquellas actitudes que fortalecen la confianza del niño y en aquellas que se interponen en su desarrollo pleno.

Sabemos que la confianza tiene un componente genético. Hay un gen en el cromosoma 17 que predispone a cada uno de nosotros a tener un mayor o un menor grado de confianza. Hay niños arrolladores y hay otros tímidos. Hay niños que con tan solo tres años son capaces de pedir a un pariente lejano que les dé un sorbito de Coca-Cola, y otros que con cinco se esconden de su tío favorito. Los hay que son capaces de decir «NO» con energía, y los que callan sus opiniones, y también hay el que con cinco años organiza al equipo de fútbol y el que no se atreve a levantar la mano para ser elegido. Sin embargo, hay un hecho sorprendente. Cualquier niño gana confianza cuando las condiciones son propicias. Cuando desaparece el que organizaba el equipo de fútbol, siempre ocupa otro su lugar. Cuando desaparece el hermano mayor, el pequeño se vuelve más resuelto y responsable. Igualmente, cuando se ausenta la mamá o desaparecen los compañeros de su edad y aparecen los más pequeños, todos los niños ganan seguridad. Esto nos habla de que todos los niños tienen la capacidad de tener un alto grado de confianza en sí mismos. Solo necesitan las condiciones propicias; sentir la responsabilidad y la confianza de cuantos estén a su alrededor.

Privar al niño de su confianza

Con frecuencia la falta de confianza nace de la propia desconfianza de los padres. Un escenario que ejemplifica como ningún otro la falta de confianza plena en el niño es el del primer día en que la mamá deja a su bebé en la guardería. Cada mamá que por primera vez deja a su hijo en manos ajenas experimenta un profundo sentimiento de falta de confianza. En la mayoría de los casos, las mamás no desconfían de la maestra –de ser así, creo que ninguna dejaría a su hijo en ninguna escuela en particular–, sino que sienten una angustia desbordante (y muy natural) por la posibilidad de que su hijo no sea capaz de soportar ese primer día sin ellas. El instinto de protección pone todos sus miedos en la seguridad del pequeño y siembra la duda sobre su capacidad para vivir sin ella.

Hasta donde sé no hay ninguna estadística que hable del número de niños que no supera ese primer día de guardería. Los maestros tienen el cuidado de limitar la primera separación a una o dos horas y, uno tras otro, los niños se adaptan de una manera progresiva y segura al nuevo entorno. Maria Montessori decía: «No debemos ayudar nunca

a un niño que se siente capaz de lograr algo por sí solo».
Sin lugar a dudas, una de las cosas que más perjudican la
confianza del niño es el exceso de celo o protección. Sé que
puede ser difícil no intervenir cuando vemos que nuestro
hijo va a tropezar o cuando sentimos que está enfrentándo-
se a una situación en la que podría irle mejor con un poco
de ayuda. Sin embargo, es en estas situaciones en las que su
cerebro necesita más de nuestra confianza. Cuando un niño
se enfrenta a un desafío, a una situación de la que puede no
salir airoso, su cerebro adquiere un estado de afrontamiento.

Hay dos grandes protagonistas en el cerebro en lo que
a confianza se refiere. En primer lugar, tenemos a la «amígdala». Esta estructura es una de las partes más importantes
del cerebro emocional. Funciona como una alarma que se
activa cada vez que el cerebro detecta una situación peligro-
sa. En segundo lugar, el lóbulo frontal en el cerebro racional
ejerce una función de control, ofreciendo al niño la posibilidad de dominar el miedo y de seguir. Si recuerdas la clase de

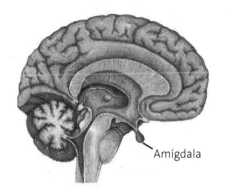

Amígdala

Amígdala
- Detectar amenazas
- Activar señal de alerta
- Sentir miedo
- Memoria del miedo

los límites, podrás entender que de alguna manera el lóbulo frontal es capaz de poner límites al miedo. Pues bien, siempre que hay una situación de cierto peligro estas dos partes del cerebro libran una pugna para ver quién tiene más fuerza. Si gana la amígdala, el niño se sentirá asustado. Si gana el lóbulo frontal, dominará el miedo.

Supongamos que un niño que lleva pocos meses caminando se afana por trepar al banco de un parque. En este escenario, hay tres posibles alternativas: 1) que el papá no intervenga, 2) que intervenga con calma y 3) que lo haga asustado. Si su papá o su mamá están tranquilos, su cerebro se mantendrá alerta, aunque el niño tropiece o sienta cierta ansiedad. Si los padres intervienen, estarán quitando el papel protagonista a la determinación del niño. Su cerebro emocional no se sentirá tranquilo porque no es el propio niño quien lo controla, sino que aprenderá que necesita a su papá o a su mamá para sentirse bien. Si la mamá da un grito, el papá sale corriendo hacia él o el niño detecta una expresión de pavor en la cara de sus papás, su cerebro liberará la señal de alarma. En este caso, la amígdala se activará y el niño sentirá inmediatamente pavor.

Tengo miedo, pero lo controlo.	Mi cerebro sabe que puede controlar el miedo.
Tengo miedo, pero no lo controlo. Mis padres me ayudan siempre.	Solo mis padres pueden controlar mi miedo.
Tengo miedo y mis padres, pánico.	Debo sentir miedo porque el mundo es peligroso.

En este sentido, independientemente del punto de partida de cada niño, la confianza de este depende directamente de la confianza que sus padres depositen en él. Si sus padres se pasan todo el día preocupados por su salud, seguridad o bienestar, el cerebro del niño solo puede entender dos cosas: que el mundo es peligroso y que no es del todo capaz de enfrentarse la vida por sí mismo. Ante cualquier desafío o novedad, el niño sentirá en su amígdala una señal de alarma que lo hará reaccionar con miedo, buscando huir del reto y escondiéndose detrás de la falda de su mamá. Sin embargo, aquellos niños en los que sus padres han depositado más confianza serán capaces de activar los circuitos de afrontamiento y de mantenerlos firmes incluso ante la incertidumbre.

Suelo ofrecer a los padres una fórmula que les permite recordar la importancia de confiar en el niño a la hora de desarrollar su propia confianza.

$$CN = (CPeN)^2$$

La confianza del niño es igual a la confianza de los padres en el niño elevada al cuadrado.

Una vieja historia de confianza relata cómo dos hermanos de siete y cinco años de edad quedaron atrapados en un incendio en un momento en el que su mamá, irresponsablemente, se había ausentado de casa. No se dieron cuenta del peligro hasta que las llamas llegaron a la puerta de su dormitorio. De alguna manera consiguieron abrir el seguro de la ventana, desenganchar la pesada escalera de emergencia y descolgarse por ella hasta la seguridad de la calle. Cuando los vecinos y curiosos preguntaron cómo dos niños tan pequeños habían conseguido realizar semejante proeza, el jefe de bomberos no dudó en su respuesta: «Lo consiguieron porque no había ningún adulto que les dijera que no iban a ser capaces de hacerlo solos».

Sé que a veces actuar desde la confianza es difícil. Desde el punto de vista de un padre y, con más frecuencia, desde el punto de vista de una madre, el niño es un ser dependiente al que hay que proteger. En mi caso particular, es la parte más difícil de mi labor como padre. Siempre que tengo dudas al respecto, echo mano del primer principio y espero a ver qué pasa. Hubo un momento, a comienzos del verano pasado, en que noté que mis hijos mayores habían perdido confianza, especialmente cuando estaban en el parque rodeados de otros niños. Mi esposa y yo lo hablamos y yo estuve dándole vueltas durante un par de días. Una y otra vez me venía a la cabeza el principio de que todo niño es como un árbol destinado a desarrollarse plenamente, y enseguida comprendí que lo que necesitaban de nosotros era un poco más de confianza. Inmediatamente lo hablé con mi mujer y, aunque sacó todo su instinto de protección y temí dormir en el sofá el resto de la semana, hicimos un pequeño experimento en un parque. Lo habitual en nosotros habría sido acercarnos a ellos varias veces para ponerles y quitarles el jersey, pedirles que no subieran a ciertos lugares o ponernos a jugar con ellos. Ese día decidimos pasar la tarde de parque sin hacerles ningún comentario en absoluto. ¡Fue maravilloso! Los niños fueron y vinieron, pidieron su jersey cuando tuvieron frío y agua cuando tuvieron sed, se atrevieron a subir donde normalmente les daba miedo hacerlo e hicieron una pandilla de amigos de todas las edades con los que corrieron y jugaron. Realmente disfrutaron con otros niños como hacía tiempo no recordaba verlos disfrutar. He podido comprobar una y otra vez cómo confiar en el niño, estar quieto y mirar me ofrece un espectáculo maravilloso en el que el niño, la mayor parte de las veces, se desenvuelve con total confianza. Ese verano aprendimos una lección muy importante: en lo que a confianza se refiere, menos es más. A continuación vas a poder ver una tabla con algunas de las situaciones en las que es mejor que dejes a tu hijo actuar libremente y en las que la intervención de los padres es necesaria.

Situaciones en las que no conviene proteger al niño	Situaciones en las que debemos proteger al niño
• Cuando está jugando solo y entretenido. • Cuando está jugando con otros niños. • Cuando está interaccionando con otros adultos. • Cuando ha tomado una decisión sobre algo (aunque se pueda mejorar). • Riesgo de pequeño golpe o caída. • Riesgo de arañazo o susto. • Discusiones leves con hermanos o compañeros.	• Peligro de lesión o accidente. • Peligro de muerte. • Peligro de intoxicación. • Conductas con agresión física. • Situaciones de abuso.

Ofrece mensajes positivos

Otra buena estrategia para construir confianza en el niño es ofrecerle mensajes positivos. Como ya vimos en la sección de herramientas, los mensajes negativos («Eres perezoso», «Lo estás haciendo mal») no ayudan al niño a hacer las cosas mejor y, por el contrario, pueden provocar ansiedad y minar su autoestima. Utiliza el refuerzo; dale a tu hijo mensajes positivos cuando se supere a sí mismo. Puede que esté realizando algo realmente difícil, que esté muy concentrado, que se esté esforzando, que dé muestras de valentía o simplemente que haya conseguido hacer algo que no pudo hacer el verano pasado. Ofrecerle mensajes como «Has sido muy valiente», «Te has concentrado muy bien», van a ayudarlo a confiar en sí mismo. En este sentido, es importante que sepas que más que premiar el resultado lo principal es reconocer la actitud del niño. Sabemos que cuando a un niño le reconocemos el resultado (por ejemplo, «Este puzle te ha salido muy bien»), las neuronas encargadas de conseguir recompensas buscarán otras tareas que pueda realizar bien, porque han aprendido que la recompensa aparece cuando la tarea sale bien. Así, cuando el resultado no es el que esperaba, el niño tiende a evitar tareas complejas o que tienen cierto riesgo de fracaso, y se frustra de una manera desproporcionada, llegando incluso a evitar tareas difíciles a toda costa. Sin embargo, cuando al niño se le reconocen otras variables más interesantes desde el punto de vista de lo que está ocurriendo en su cerebro, como, por ejemplo, lo concentrado que ha estado, lo ingenioso que ha sido al resolver un problema, lo que ha disfrutado haciéndolo o el esfuerzo que ha puesto en la tarea, el niño va a buscar tareas que sean un poquito más difíciles y que le permitan seguir esforzándose, superándose y disfrutando de su capacidad de pensar, concentrarse y resolver tareas. Hasta finales de la década de 1970 se pensaba que la mejor manera de motivar al niño era únicamente elogiar su esfuerzo. Son muchos los estudios que han intentado encontrar la frase o el mensaje más efectivo para potenciar la motivación y la confianza del niño. Hoy en día sabemos que no hay una fórmula perfecta, porque en cada momento cada niño se vale de un tipo de habilidad para conseguir lo que quiere. La clave está en hacer énfasis en la habilidad que puso en práctica el niño en cada momento y apoyarlo también cuando utiliza herramientas que normalmente no suele utilizar. Para conseguirlo, solo debes estar atento mientras se enfrenta a las tareas y hacerte preguntas sencillas. ¿Cómo consiguió abrir aquella cajita? ¿Fue perseverancia? ¿Ingenio? ¿Cómo estuvo mientras hacía ese dibujo? ¿Se mostró atento a los detalles? ¿Concentrado? ¿Controló que no se saliese de la línea? ¿Lo disfrutó? En realidad, no hace falta que insistas mucho en el refuerzo ni que hagas grandes aspavientos, porque su cerebro ya sabe cómo lo hizo y ya siente la satisfacción de haberlo logrado. Posiblemente baste con no premiar solo el resultado, y valorar su esfuerzo, concentración o perseverancia cuando así lo demuestre.

Responsabilidad

La responsabilidad es una parte ineludible de la existencia. Por más que la vida pueda parecernos algo bonito y precioso, la naturaleza también nos enseña que la vida tiene un lado más duro y feroz, el de la lucha por la propia subsistencia. No hay ser vivo que no tenga que pelear o buscarse su propio alimento o cobijo para sobrevivir. A menudo me encuentro en la consulta con personas adultas que viven las pequeñas responsabilidades del día a día con sufrimiento. Trabajar, preparar la comida, pagar las facturas o cuidar de sus hijos les resulta sencillamente demasiado duro. En estos casos me pregunto hasta qué punto estas personas han sido educadas en la responsabilidad que suponen las grandes y pequeñas tareas de la vida. A muchas personas, la palabra «responsabilidad» les transmite crudeza. A veces me han preguntado en mis conferencias si no es demasiado duro que un niño de dos años tenga responsabilidades. Sinceramente, creo que no, no lo es. Desde mi punto de vista, la responsabilidad no es otra cosa que ocuparse de uno mismo, y educar en la responsabilidad es una magnífica oportunidad para enseñar a los niños a cuidarse y a saberse valer por sí mismos.

La responsabilidad es una manera excelente de desarrollar la confianza del niño. Todo niño puede hacerse responsable de muchas tareas que conciernen a su educación y cuidado. Cuanto antes comience a realizarlas, menos duro le parecerá hacerlas y más confianza adquirirá en sus propias capacidades. Lo más interesante es que a los niños les encanta tener responsabilidades. Para ellos es una oportunidad de descubrir cosas nuevas y aprender a dominar su entorno. Puedes empezar desde el mismo momento en que el niño empieza a caminar. Al igual que hacen en la escuela, los niños pueden –y, desde mi punto de vista, deben– ayudar a guardar sus juguetes y también pueden tirar su pañal al cubo de la basura: como vivo muy cerca de la escuela infantil, mis tres hijos han ido caminando a la escuela desde que tenían un año. Los tres minutos que tardo en cruzar las dos calles que nos separan de la escuela se convertían en quince o veinte a paso de bebé. Hasta la fecha ninguno se ha quejado, en parte porque con doce o trece meses los niños no saben hablar, pero también porque disfrutaban de su paseo matutino. Una vez que llegan a clase, siempre han sido ellos quienes entran primero; los he ayudado, les he infundido valor y los he acompañado con mi mano, pero siempre han sido ellos los que han puesto el pie en su clase, simplemente, porque no es tarea mía meterlos en el aula, sino la de ellos entrar. Estos son solo ejemplos para que veas que la responsabilidad es algo que se puede introducir con pequeños gestos desde bien críos. A medida que crecen puedes enseñarles a echar la ropa sucia al cesto, a recoger su taza cuando terminan de desayunar o a limpiar aquello que ensucian –por ejemplo, la leche que se derramó sobre la mesa–. No es ningún castigo si tú lo tratas con toda la naturalidad que tiene el hecho de que ellos mismos se ocupen de sus cosas en la medida en que puedan ir haciéndolo –solos o con un poco de ayuda–. En cada edad hay una serie de tareas que el niño puede asumir y que lo ayudan a sentir confianza en sí mismo, a la vez que aprende a contribuir a las tareas domésticas. Puedo asegurarte que les va a encantar ocuparse de sus propias tareas y crecerán sintiéndose satisfechos y capaces de cuidar de sí mismos.

Valida sus sentimientos y decisiones

Ya hemos visto la importancia que tiene la empatía para que el niño entienda que todos sus sentimientos son importantes y valiosos. Saber que podemos estar enfadados, contentos o frustrados en distintas situaciones –respetando siempre los derechos de los demás– es una buena fuente de confianza en uno mismo. Otra área importante en el desarrollo de la confianza, en la que a veces los padres patinamos, es la toma de decisiones. Es habitual que los papás y las mamás nos empeñemos en ayudar a nuestros hijos a tomar mejores decisiones. Un ejemplo típico puede ser el siguiente: «Paula, ¿qué quieres para tu cumpleaños?», «Un paquete de chicles de fresa, mamá», «Pero, Paula, eso es muy poquito, ¡puedes pedir algo más grande!». Distintas versiones de esta sencilla conversación se repiten cada año alrededor de las fechas más señaladas, y el resultado suele ser el mismo. La niña, que estaba ilusionada con un paquete de chicles, acaba pidiendo una muñeca que no le hace ni pizca de ilusión.

Muchas personas se sienten inseguras a la hora de tomar decisiones. No saben qué ropa ponerse, se muestran indecisas respecto a lo que deben pedir en un restaurante, no están seguras de si deben decir esto o aquello, y acaban convirtiéndose en auténticos jardineros de su particular jardín de dudas, indecisiones y dilemas. Una parte de su cerebro siempre tiene claro lo que quiere, aunque hay otra que los hace dudar. En este sentido, el cerebro es como una discusión entre el cerebro racional y el emocional. La duda casi nunca parte del lado de la emoción, sino que suele ser un componente que aparece desde el de la razón. En realidad, sabemos que la inmensa mayoría de las decisiones –bien sea pedir un plato en un restaurante, elegir pareja o comprar una casa– son tomadas por el cerebro emocional; en la mayoría de los casos, el cerebro racional solo se encarga de justificarlas o de dar una razón lógica para explicar la decisión que tomamos de una manera visceral. De hecho, está comprobado que las decisiones más acertadas suelen provenir del cerebro emocional, más que del racional. También está comprobado que aquellas personas que ponderan las alternativas desde un punto de vista más racional suelen ser más inseguras y toman peores decisiones. Por todo ello, y aunque pueda parecer lo contrario, una buena manera de ayudar a tu hijo a tomar mejores decisiones es dejarlo decidir,

permitirle tomar decisiones guiándose por sus instintos y confiar en que aprenda de sus errores. Está claro que se equivocará, ¿quién no lo hace? Lejos de prevenir cada uno de sus errores, la mejor estrategia consiste en enseñarle a confiar en sí mismo y ayudarlo a aprender las lecciones positivas y negativas de estos.

Recuerda

La confianza es uno de los mejores regalos que podemos ofrecer a nuestros hijos. Un niño que crece sintiendo la confianza de sus padres en él será un adulto que se siente capaz de lograr sus metas y aspiraciones. Evita sobreproteger al niño, confía en él y en su capacidad para desarrollarse plenamente.

Ofrécele responsabilidades y apóyalo tanto en sus emociones como en sus decisiones. No olvides que, cuando quieras motivar su confianza, la estrategia más inteligente es evitar valorar únicamente sus resultados y reconocer, en cambio, su esfuerzo, su concentración o el disfrute a la hora de enfrentar una situación difícil.

15.
Crecer sin miedos

«La ciencia no ha producido un medicamento tranquilizador tan eficaz como unas pocas palabras bondadosas.»

SIGMUND FREUD

Una parte esencial del desarrollo de la inteligencia emocional es ser capaces de superar nuestros propios miedos. Al igual que todas las personas, durante su infancia tu hijo va a vivir algunas experiencias que pueden provocarle miedo. El mordisco de un perro, el empujón de un amiguito o una simple caída desde cierta altura pueden ser experiencias que impacten de una manera profunda en su cerebro y le generen un miedo desproporcionado cuando se enfrente a situaciones similares. Saber manejar estas situaciones va a permitirte ayudar a tu hijo a lidiar con el miedo durante la infancia, pero lo más importante de todo es que puede contribuir a que viva una vida libre de miedos, pues la manera en la que el niño aprenda a afrontar los miedos de pequeño va a condicionar su forma de hacerlo cuando sea una persona adulta.

Muchos papás y mamás no saben qué hacer cuando un niño vive una experiencia traumática. Algunos se ponen nerviosos y gritan al niño, con lo que provocan un mayor nivel de alarma en el cerebro y solo consiguen que el trauma sea mayor. En otros casos, la respuesta natural del papá o de la mamá es pedir al niño que se tranquilice y restarle importancia. Aunque no lo creas, esta actitud puede ser tan dañina como la anterior. Está claro que quitarle hierro al asunto cuando el niño se tropezó o se llevó un pequeño susto va a aligerar la carga emocional y el niño va a poder tranquilizarse. Sin embargo, cuando el susto ha sido más fuerte y el cerebro del niño no es capaz de superarlo por sí mismo, el miedo puede echar raíces en su interior. A continuación voy a explicarte dos estrategias muy sencillas para ayudar a tu hijo a superar esos traumas, pero, sobre todo, para enseñarlo a afrontar con éxito cualquier miedo que se le cruce en la vida.

Ayuda a integrar experiencias traumáticas

Si no has olvidado lo que te enseñé en el capítulo del ABC del cerebro para padres, recordarás que existen dos hemisferios. El izquierdo es más racional y el derecho es más intuitivo. Precisamente es en el hemisferio derecho donde se quedan grabadas las escenas traumáticas. Si eres capaz de recordar alguna experiencia traumática de tu vida, podrás comprobar que recuerdas algunas de esas escenas en forma de imágenes. Los militares que regresan de la guerra experimentan *flash-backs* de los ataques, que no son otra cosa que fogonazos de imágenes que el cerebro no pudo procesar. En la mayoría de los casos los miedos crecen en esa parte derecha del cerebro y viven en ese hemisferio más intuitivo y visual en forma de imágenes y sensaciones. Cuando la experiencia traumática es pequeña, el niño es capaz de entenderla por sí mismo. Por ejemplo, puede entender que un muñequito se rompió porque se cayó al suelo. Sin embargo, si el susto es mayor, el niño puede no ser capaz de procesar esa experiencia y entonces aparece lo que conocemos como «miedo irracional». Como ejemplo, supongamos que un perro se abalanza ladrando sobre tu hijo. Aunque su dueño sea capaz de pararlo a tiempo, el cerebro de tu hijo tiene dos impresiones muy claras. En primer lugar, la imagen del perro atacándolo y, en segundo lugar, la sensación de pánico. Las impresiones han sido tan fuertes que, si no hacemos nada por evitarlo, pueden quedarse grabadas en su cerebro para siempre y el niño puede desarrollar un miedo irracional a los perros. Tú puedes diluir esas impresiones y desactivar esas imágenes traumáticas de su cerebro. Lo único que tienes que hacer es ayudar a tu hijo a hablar de lo que ha visto y de lo que ha sentido. Cuando una persona asustada habla y describe lo sucedido, su hemisferio izquierdo (el que se encarga de hablar) comienza a comunicarse con el hemisferio derecho. De esa manera tan sencilla estarás facilitando que la parte verbal y lógica de su cerebro ayude a la parte visual y emotiva a superar la experiencia. A este proceso lo llamamos «integrar la experiencia traumática». El niño recordará el suceso, pero ya no lo vivirá con la misma angustia. Lo habrá integrado con normalidad como una experiencia desagradable de su pasado. En la siguiente ilustración puedes ver una representación de cómo funciona el proceso.

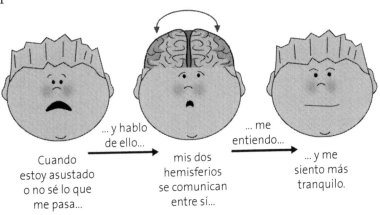

... y hablo de ello...

... me entiendo...

Cuando estoy asustado o no sé lo que me pasa...

mis dos hemisferios se comunican entre sí...

... y me siento más tranquilo.

Hablar con un hijo de una situación traumática requiere de calma –tú puedes estar tan asustado como él–, paciencia –puede tardar un buen rato en calmarse–, un poco de fe –ya que esta actuación puede ir en contra de tu primera reacción, la de tranquilizar al niño– y de una alta dosis de empatía –tal como vimos en la sección de herramientas–. Es natural que tu primera reacción sea quitarle importancia. Al fin y al cabo, si consigues convencer al niño de que no está asustado, tú también te quedarás más tranquilo. Sin embargo, lo importante no es convencer a ninguno de los dos de que el susto no fue nada, al que hay que convencer es a su cerebro. Pongamos un ejemplo: la pequeña Clara sale de la escuela llorando. Un niño mayor le quitó su juguete y la tiró al suelo. Evidentemente, hay que hablar con el colegio para que esto no vuelva a ocurrir, pero, mientras tanto, ¿qué hacemos con el susto de Clara? A continuación vamos a ver dos enfoques bien distintos.

Quitarle importancia	Ayudarla a integrarlo
M: ¿Por qué lloras, Clara?	M: ¿Por qué lloras, Clara?
C: Un niño mayor me ha pegado.	C: Un niño mayor me ha pegado.
M: Bueno, no pasa nada...	M: Y ¿te has asustado mucho?
C: Me ha tirado al suelo.	C: Sí.
M: Bueno, no pasa nada. Ya se te pasará.	M: Claro, porque era mayor que tú...
C: (Sigue llorando).	C: (Sigue llorando).
M: Venga, tranquila.	M: Y ¿qué te ha hecho?
C: (Sigue llorando).	C: Me ha tirado al suelo.
M: Venga, Clara. Pero ¡si tú eres una niña mayor!	M: ¿Muy fuerte?
C: (Solloza).	C: (Se seca las lágrimas). Sí. Así, con la mano.
M: ¡Tú eres una valiente! Y los valientes no lloran.	M: ¿Te ha tirado con la mano y muy fuerte?
C: (Se calla y mira al suelo).	C: Sí. (Ya no llora.)
M: ¡Muy bien! ¿Ves qué mayor eres? Venga, vámonos a casa y te preparo un batido.	M: Claro, no me extraña que estés asustada. Yo también lo estaría. ¿Te miraba enfadado?
	C: Sí. Tiene cara de enfadado. Es muy malo.
	M: Sí, a ti te ha dado un susto muy grande, ¿a que sí?
	C: Sí.
	M: Veo que ya estás mejor. Voy a hablar con tu profe para que ese niño no vuelva a pegarte.
	C: Me voy a jugar.

El primer ejemplo es la típica conversación que podemos observar entre madres e hijos en cualquier parque. La mamá intenta quitar hierro al asunto y acude a recalcar el valor de la niña para convencerla de que **debe** estar calmada. En el segundo ejemplo, la mamá conversa un buen rato de aspectos específicos de la escena y analiza las imágenes y las sensaciones que están atrapadas en su hemisferio derecho. Le pregunta por lo que el niño le hizo exactamente, se detiene a ver su tamaño, así como el aspecto que tenía la cara del niño. En distintos momentos, también hace hincapié en lo asustada que se sintió la niña. En las respuestas de esta se observa que, poco a poco, se va sintiendo más calmada. Como se puede ver, la segunda técnica requiere de un poco más de tiempo y de conversación que el estilo tradicional, pero sin lugar a dudas es la manera más segura de que el cerebro se sienta seguro y tranquilo.

Veamos otro ejemplo. Adrián ha visto una escena de una película de miedo en casa de su tío Juan. En esa escena, una persona es perseguida por un zombi que estira los brazos para agarrarla. Esa noche, cuando Adrián vuelve a casa, su tío Juan os comenta que el niño se ha asustado mucho. Os asegura que ha intentado calmarlo, pero que el niño estaba muy asustado. Esa noche decides hablar con tu hijo antes de ir a dormir. Veamos la diferencia entre la manera de proceder de su tío y la de un padre que sabe cómo ayudar a su hijo a integrar una experiencia traumática.

Tío Juan	Papá
A: (Llorando).	P: Me ha dicho tío Juan que te has asustado.
TJ: Vamos, Adrián. No te asustes.	
A: (Sigue llorando).	A: Sí. Había un zombi.
TJ: Pero ¡si el zombi es de mentira!	P: Y ¿te ha dado mucho miedo?
A: (Sigue llorando).	A: Sí. (Se pone a llorar.)
TJ: Pero ¡si no hace nada!	P: Claro, los zombis dan mucho miedo.
A: (Adrián mete la cabeza bajo el cojín).	A: Sí.
TJ: Mira, Adrián. El zombi es muy tonto y no hace nada.	P: Y ¿qué hacía que te daba tanto miedo?
A: (No saca la cabeza y sigue llorando).	A: (Sollozando). Iba a capturar a un señor.
TJ: Mira, ¡soy el zombi! ¡¡Uhhhhh!!	P: ¡Buf!, eso te debió dar mucho miedo, sí.
A: ¡No quiero mirar!	A: Sí, iba a agarrarlo.
TJ: ¡¡Que es una broma!!	P: Y ¿qué hiciste?
A: ¡No me hace gracia! ¡Quiero ver a mi mamá!	A: Cerrar los ojos. (Ya no llora.)
TJ: Vale, vamos a ver a tu mamá, pero cuando te calmes. Que si no, vas a asustarla.	P: Claro, tú no querías verlo.
	A: Sí, porque daba mucho miedo.
A: (Adrián se calma, con cara de asustado).	P: Y ¿qué aspecto tenía?
	A: Tenía sangre y estiraba los brazos así.
	P: Y ¿qué más?
	A: Y abría la boca así. Era muy tonto el zombi. (Se ríe.)
	P: Bueno, parece que estás más tranquilo. Mañana volvemos a hablar un rato, ¿vale? ¡A dormir, campeón!

Es importante ser cálido y cercano a la hora de hablar con el niño de sucesos que le han provocado miedo. El niño debe sentir mucha cercanía y que lo comprendemos perfectamente, de lo contrario, sentirá que nos reímos de él. No hace falta dramatizar, simplemente estar tranquilos y escuchar con empatía, intentando saber cómo se sintió el niño en ese momento. También es muy importante repasar el relato dos o tres veces a lo largo de los próximos días. Cuanto más procese el niño verbalmente las imágenes e impresiones, más se integrará el evento. Puedo asegurarte que cuando un niño pequeño está triste o asustado no hay nada que lo ayude más que hablar de ello con una persona que lo comprenda perfectamente. ¿Quieres saber un secreto? A los adultos nos ocurre exactamente lo mismo. Ayuda a tu hijo a procesar con los dos hemisferios cerebrales las experiencias traumáticas y crecerán seguros de sí mismos y sin miedos.

Ayúdalo a afrontar sus miedos

Los miedos son parte natural del desarrollo del niño. Por mucho que intentes evitar que tu hijo sufra experiencias «traumáticas» o que lo ayudes a integrarlas como te he enseñado, siempre habrá algún miedo que lo alcance de una u otra manera. Cuando esto ocurre, hay una estrategia que puede ayudar al niño, no solo a superar esos miedos de la infancia, sino a aprender a superar cualquier miedo que tenga a lo largo de su vida. La estrategia no es otra que ayudarlo a afrontar los miedos.

Hay dos emociones que solo se superan enfrentándonos a ellas. La primera es el miedo y la segunda, la vergüenza. Prácticamente son lo mismo. Si alguna vez te has caído de una bici, de un caballo o de una moto, sabrás que la única manera de superar el miedo es volver a montarse. Existen dos tipos de miedos: los instintivos y los adquiridos. Los miedos instintivos son los que aparecen en el niño de una manera natural, sin que haya una experiencia previa que los haya provocado. La mayoría de las personas tienen un miedo natural a las serpientes. De la misma manera, muchos niños pueden experimentar miedo a tocar un perro, a meterse en una piscina o a la oscuridad. Los miedos adquiridos aparecen cuando una experiencia previa condiciona que sintamos miedo en una situación similar. Si subido a un árbol el niño se cae, puede adquirir miedo a las alturas, y si un niño mayor le tiró arena en el parque a otro, este puede desarrollar miedo a acercarse a niños desconocidos.

Ante el miedo de sus hijos, muchas mamás tienden a consolar al niño abrazándolo, mostrándose empáticas y haciendo sentir al niño que su mamá lo protegerá de todo mal. Aunque es fundamental que el niño se sienta seguro y protegido, y toda mamá hará bien en demostrar a su hijo que está seguro entre sus brazos, lo que no es tan acertado es quedarse satisfecho en ese momento de protección. Aunque así lo quisieran muchas mamás y muchos niños, la realidad es que es imposible que la mamá proteja siempre al niño. Con frecuencia los papás adoptan una estrategia de mayor confrontación, animando al niño a enfrentar sus miedos en ese mismo momento, sin darse cuenta de que este puede sentirse como un cordero arrojado a una manada de lobos. En el primer caso el niño puede experimentar falta de confianza y una tendencia a evitar las situaciones difíciles o que requieran cierto grado de valentía. En el segundo caso, la jugada puede salir bien, pero también es frecuente que el miedo del niño se agudice, por lo que tampoco es recomendable este enfoque de machito. En realidad, como en tantas otras cosas, el término medio, el equilibrio, parece ofrecer una estrategia mucho más eficaz.

Sin lugar a dudas, merece la pena ayudar al niño a superar sus miedos. Para ello, lo más recomendable es hacer una aproximación de siete etapas en las que pasamos del miedo a la confianza, utilizando muchas de las herramientas que te di en los primeros capítulos. Vamos a acompañar la explicación de esos siete pasos con un ejemplo práctico que va a ayudarte a comprender y a recordar esta técnica. Sonia tiene cuatro años. Le encanta jugar a hacer equilibrio y subirse en las alturas. Un día va caminando sobre una tabla situada a cierta altura, y de alguna manera pierde la concentración y se cae. La altura no era excesiva –si no, no la habrías dejado subir–, pero notas en su cara que realmente se ha asustado y dice muy nerviosa que no va a volver a subirse. Veamos cómo puede Sonia, con ayuda de su mamá, superar este miedo «adquirido».

---

1. Utiliza la empatía para calmar ese cerebro emocional que solo siente la necesidad de salir corriendo. Puede necesitar un poco de tiempo.

M: (Cogiéndola en brazos). ¡Menudo susto te has dado!
S: (Llorando). ¡¡Síiiiii!!
M: Claro, te has caído y te has asustado.
S: (Llora menos). ¡¡Síiii!!
(La mamá sigue empatizando hasta que se calma.)

---

2. Validar el miedo y dialogar sobre la importancia de afrontar ese miedo.	M: Ya, me has dicho que no quieres volver a subir, ¿verdad? S: Sí. M: Claro, pero es importante que volvamos a intentarlo, para que no tengas miedo. S: No quiero.
3. Utilizar la comunicación cooperativa para que sepa que van a superar ese miedo juntas.	M: Ya, me imagino. Yo creo que podemos intentarlo juntas. S: Me da miedo. M: Mamá te va a ayudar. Vamos a hacerlo juntas y yo te tomaré de la mano todo el rato.
4. Intentar llegar a un acuerdo respecto a lo que vamos a lograr.	M: Vamos a intentarlo juntas, pero solo un poquito. S: Es que me da miedo. M: Mira, hacemos una cosa. Solo tienes que dar dos pasos, y yo estaré sujetándote de la mano, ¿te parece?
5. Realizar la acción solo cuando el niño esté preparado, sin presionarlo y sin forzarlo lo más mínimo.	S: Vale. Pero tú me agarras de la mano. M: Yo no voy a soltarte, dame la mano. Venga, ya puedes dar el primer paso.
6. Preguntarle cómo de satisfecho o contento se siente y valorar su capacidad de superar el miedo.	M: ¡¡¡Muy bien!!!, lo has hecho tú sola. Mamá solo te dio la mano. ¿Cómo te sientes? S: Sí. ¡He sido muy valiente! M: Sí. Tienes cara de satisfecha. S: Sí, quiero probar un poquito más.
7. Repetir otro día la acción, en otro contexto, para favorecer la generalización.	

Es muy importante que tengas en cuenta que para realizar estos siete pasos hace falta un poco de tiempo. Sin embargo, ¿qué son unos minutos a cambio de una vida sin miedos? Ayudar a que el niño se calme es el paso que conlleva más tiempo. Sin embargo, esos tres o cuatro minutos que puedes invertir en conectar con su cerebro emocional son la llave para poder abrir la puerta de la valentía. Asimismo, debes tener en cuenta que, como se refleja en el paso 5, un punto clave importantísimo es el de no forzar al niño en ningún momento. No debemos empujarlo, ni tirar de su mano. Podemos tomarlo de la mano a modo de acompañamiento, pero debe ser el niño el que dé el primer paso, o al menos el que se deje guiar con suavidad. Lo contrario solo reactivará una respuesta de huida que, precisamente, estamos ayudando al niño a dominar.

Recuerda

Realmente, ayudar a un niño a prevenir y a superar sus miedos es una tarea fácil si los papás y las mamás saben cómo hacerla. Para ello solo hace falta dedicar un poco de tiempo a hablar con el niño y ser tan respetuosos como comprensivos con sus sentimientos, el tiempo que necesita para calmarse y el grado de ayuda que necesita para afrontarlos y sentirse un valiente. Es un instinto natural acompañar y proteger al niño que experimenta miedo, pero recuerda que puedes optar por ser su compañero en la huida o su compañero en la valentía. Los estudios científicos y el sentido común nos indican que la segunda opción es la que puede enseñar a tu hijo a superar cualquier miedo que tenga en la vida.

16.
Asertividad

«No te preocupes si tus hijos no te escuchan…
te observan todo el día.»

MADRE TERESA DE CALCUTA

Una característica común de las personas con una buena inteligencia emocional es que son asertivas. El término «asertividad» hace referencia a la capacidad de la persona de decir lo que piensa de una manera respetuosa. La persona asertiva es capaz de expresar lo que no quiere o no le gusta, pero también lo que quiere o sí le gusta, de una manera tan clara como respetuosa.

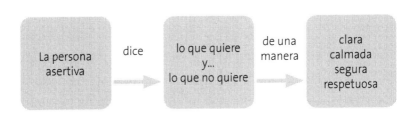

La asertividad es en sí misma una forma de comunicarse con los demás en la que nos sentimos seguros de nuestros derechos, de nuestras opiniones y de nuestro sentir, y los expresamos de una manera respetuosa con el otro. Sin lugar a dudas, una parte importante del trabajo de cualquier padre o maestro que quiere ayudar a sus hijos a sentirse bien consigo mismos y a conseguir sus metas pasa por enseñarles a ser asertivos. Todos los expertos coinciden en que la asertividad ofrece grandes ventajas a quienes la aplican. Se sienten más seguros con ellos mismos, reducen la cantidad de conflictos con otras personas y son más eficaces a la hora de alcanzar sus metas.

La asertividad es más notoria en personas que tienen altos niveles de confianza. Igualmente, cualquier persona entrenada para comunicarse de una manera asertiva gana confianza en sí misma y en las relaciones con los demás. Esto se debe a que las personas asertivas experimentan niveles menores de ansiedad y su cerebro segrega menos cortisol –la hormona del estrés–. Lo curioso es que cuando una persona ansiosa conversa con una persona asertiva se siente relajada y sus niveles de cortisol también se reducen. Por esto, las personas asertivas suelen ser líderes natos. Otro punto relevante que debes conocer acerca de la asertividad es que todos los expertos coinciden en que cuanto antes se implemente la asertividad en la educación del niño, más confianza sentirá en sí mismo. A continuación voy a darte tres claves que te van a permitir ayudar a tu hijo a tener un estilo de comunicación asertivo.

Sé asertivo

Si recuerdas el capítulo en el que hablamos acerca de cómo podías motivar la conducta del niño, el punto de partida no era otro que el de dar ejemplos que el niño pueda imitar. Gracias a las neuronas espejo el cerebro del niño ensaya y aprende el repertorio de conductas que observa en sus padres. En el caso de la asertividad, la observación de conductas asertivas en los padres parece ser determinante. Así, si el niño observa que su papá o su mamá se enfrentan a los pequeños conflictos interpersonales con claridad y respeto, desarrollará un estilo de comunicación asertivo. Algunos padres son poco asertivos con las personas de fuera. Pueden tener tendencia tanto a la agresividad como a la pasividad. Si eres del primer grupo, tu tendencia natural es la de conseguir siempre lo que quieres, valorar tus propios derechos por encima de los del vecino y comunicarte en situaciones de conflicto de una manera ruda y contundente. Si eres del segundo grupo, tu estilo personal te hará evitar el conflicto, te callarás o expresarás tus opiniones tímidamente sin llegar a hacer valer tus derechos. En cualquiera de los dos casos, es importante que sepas que tus hijos te observan. Cuando tengan un conflicto van a tender a imitarte igual a como imitan a su hermano cuando dice una palabrota. En este sentido, no vendría mal que recordaras que tu hijo va a tomar tu ejemplo como modelo de comportamiento frente al conflicto; así podrás decidir si actuar de una manera agresiva o, por el contrario, callarte ante un abuso es lo que realmente quieres enseñar a tu hijo. No quiero que imagines situaciones hollywoodienses. La asertividad se aprende a través de los pequeños gestos y de las conversaciones con los padres que aparecen en el día a día del niño. Puede que una mamá te sugiera ir al parque y a ti no te apetezca. Puede que un niño se lleve sin querer el juguete de tu hijo, o puede que, en la cola del supermercado, alguien se ponga delante de vosotros. En estos casos, recuerda que tu hijo te observa. ¿Vas a actuar con excesiva fuerza o falta de respeto? ¿Vas a callarte y a aceptar las cosas como vienen? ¿O vas a expresar aquello que quieres decir con libertad y confianza? Yo te aconsejo que recuerdes este capítulo e intentes sacar tu lado más asertivo. Opina, expresa y haz lo que realmente quieres sin miedo y sin enojo, con claridad y con respeto.

Muéstrate asertivo en situaciones cotidianas.

En lugar de...	Prueba con...
Ir con la mamá al parque cuando no nos apetece.	«Gracias, pero hoy no me apetece ir al parque.»
Dejar que el niño se lleve el juguete.	«Hola, niño. Creo que te llevas un juguete que es nuestro.»
Gritar al hombre que se ha colado en el supermercado.	«Disculpe, pero creo que se ha confundido, nosotros estábamos primero.»

Aunque es importante mostrarnos asertivos con amigos y extraños, el principal problema de demostrar a nuestros hijos nuestro lado asertivo se da dentro de casa. La realidad es que el mayor obstáculo para ayudar al niño a ser asertivo radica en que muchos padres no son del todo asertivos con sus hijos. Cada día, cuando paseo por el parque, cuando visito el supermercado o estoy en casa de familiares y amigos veo padres así. Los padres inventan todo tipo de excusas, mentirijillas y líos para no enfrentarse al enfado de sus hijos: «Cariño, no quedan piruletas en la tienda», «Hijo, el señor ha dicho que no se puede correr en el supermercado» o «Vamos a ir a jugar a otro parque porque el que tú quieres está cerrado». La verdad es que hemos avanzado mucho respecto a años atrás, en los que el coco o el hombre del saco se llevaban al niño que no se portaba bien, pero todavía son muchos los padres que no son del todo claros y honestos con sus hijos. Hace poco, en un curso que di para padres interesados en mejorar las capacidades cognitivas de sus hijos, un padre me comentó con orgullo que habían conseguido que su hijo de cuatro años, que estaba realmente enganchado a los videojuegos, no jugara ni con la tableta ni con el teléfono inteligente. Cuando le pregunté cómo lo había conseguido, me respondió que le había dicho que Internet se había estropeado y que ni el móvil ni la tableta funcionaban. Llevaban dos meses sin mirar su teléfono móvil delante del niño para que no se diera cuenta de que era mentira. La asertividad requiere un poco más de honestidad y de valor.

Cuando decimos al niño una mentirijilla, este aprende a decirlas y, lo que es peor, aprende que hay que ocultar ciertas cosas, no confiar en su criterio y evitar hablar con claridad. Las personas asertivas no dicen mentirijillas, sino que expresan sus opiniones y decisiones tal como las sienten.

Utilizan expresiones como «quiero», «me apetece», «siento», «creo», «no quiero» o «no me apetece». Está claro que enfrentarte abiertamente con el deseo del niño, diciéndole: «No quiero que comas chuches», es un poco más difícil que convencerlo con algún truco. Es posible que las primeras veces el niño se enfade y se enrabiete –sobre todo si no está acostumbrado a que le pongas límites con claridad–, sin embargo, si actúas de una manera asertiva con el niño, sin dobleces ni mentirijillas, habrás conseguido dos triunfos de un valor incalculable. En primer lugar, porque el niño aprenderá de ti a ser asertivo. En segundo lugar, y quizá más importante, porque te habrás ganado para siempre el respeto de tu hijo. No puedo imaginarme una herramienta más valiosa en la educación que el hecho de que un niño sienta respeto por sus padres o maestros. El respeto va a hacer que tu hijo se deje guiar por ti, te respete y deposite en ti toda su confianza. No solo va a ayudarte a educarlo, sino que va a contribuir de una manera muy determinante a que puedas construir y conservar una buena relación con él.

Prueba a ser más asertivo en la relación con tu hijo.

En lugar de decir...	Prueba con...
«No se puede.»	«No quiero que lo hagas.»
«No quedan caramelos.»	«No quiero que comas caramelos ahora.»
«Tienes que comértelo todo.»	«Quiero que te lo termines todo.»
«No funciona Internet.»	«No quiero que entres en Internet.»
«Papá no puede jugar.»	«Ahora no me apetece, cariño.»
«El señor dice que no se puede correr.»	«No quiero que corras aquí.»

Respeta y haz valer sus derechos

Todos los programas dedicados a desarrollar la asertividad hacen hincapié en dar a conocer a sus participantes sus derechos como personas. Las personas poco asertivas reaccionan con agresividad por miedo a sentirse pisoteadas o con resignación por no sentirse seguras acerca de lo que pueden y no pueden pedir. En ambos casos, conocer nuestros derechos ayuda a sentirnos seguros respecto a lo que podemos decir, sentir o pensar, y a hacer valer nuestra opinión frente a cualquier persona. A continuación vas a poder conocer los principales derechos de cualquier persona por el mero hecho de ser persona. Si tú los haces valer y ayudas a tus hijos a que crezcan conociéndolos y sintiendo que cada uno de esos derechos merece ser respetado, habrás contribuido de una manera incalculable a que el niño se sienta bien consigo mismo durante su infancia y, más adelante, como adulto. Estos son los principales derechos que en casa transmitimos a nuestros hijos.

Derecho a ser tratados con respeto y dignidad
No les faltes al respeto a tus hijos ni dejes que nadie lo haga, porque de lo contrario su cerebro aprenderá que no es digno de respeto.

Derecho a tener y a expresar sus sentimientos y opiniones
Escucha sus opiniones con atención e interés genuino. No tienes por qué hacer siempre lo que diga, pero sí es impor-

tante que des a sus opiniones el mismo respeto y la consideración que quieres que tu hijo sienta por sí mismo.

Derecho a juzgar sus necesidades, establecer sus prioridades y tomar sus propias decisiones
Presta atención a sus gestos y a sus palabras. Tu hijo sabe qué cuento quiere que le leas, cuándo está lleno y no quiere comer más o cuándo no quiere hacer un plan que le propones. Déjalo decidir por sí mismo, siempre que esté en tus manos.

Derecho a decir «no» sin sentir culpa
Todos podemos tener nuestra opinión, negarnos a hacer algo, y no por ello debemos sentirnos culpables. Si tu hijo no quiere bañarse un día concreto, valora si es algo que se puede pasar por alto. Déjalo tomar la decisión o márcale el límite, pero no lo hagas sentir culpable porque crecerá sintiendo culpa y rabia cada vez que se salga con la suya.

Derecho a pedir lo que quieran
Todos tenemos derecho a pedir lo que queramos, siempre y cuando entendamos que el otro también es libre de acceder o no a nuestros deseos.

Derecho a cambiar
Cada persona tiene derecho a cambiar de opinión, gustos, intereses y aficiones. Respeta el derecho de tu hijo a elegir algo distinto de lo que había elegido inicialmente.

Derecho a decidir qué hacer con sus propiedades y su cuerpo, mientras que no se violen los derechos de los demás

Puede que tu hijo decida intercambiar uno de sus juguetes con un amigo o decida pintarse con un rotulador en el pie. Tenemos que educar a nuestros hijos, y no vamos a permitir que hagan algo que los dañe o perjudique. Pero ¿qué hay de malo en que cambie un juguete por otro si los dos están de acuerdo, o en que se pinte un dinosaurio en la pantorrilla? Desde mi punto de vista, nada en absoluto.

Derecho a equivocarse

Todos cometemos errores. Yo cometo errores, tú cometes errores y, como es lógico, tu hijo comete errores. Ayúdalo a entender que no pasa nada si eso sucede.

Derecho a tener éxito

Puede que te hayas visto apurado porque tu hijo corre, salta o lee bien, mientras que su hermano o vecino todavía no. No ignores o vivas con vergüenza sus virtudes o logros. Todos tenemos derecho a triunfar. Los demás niños también tienen sus virtudes. Si tú no reconoces a tu hijo las suyas, ¿crees que él las reconocerá?

Derecho a descansar y aislarse

Al igual que tú, el niño puede necesitar aislarse, estar tranquilo o desconectar, especialmente cuando esté algo saturado o cansado. Él lo va a vivir como algo normal, como cuando toma un vaso de agua porque tiene sed. Dale su espacio y déjalo estar tranquilo. Seguro que al cabo de un rato volverá a unirse con sus amigos.

Este es el último y mi favorito.

Derecho a no ser asertivo
Todas las personas podemos elegir en un momento determinado si queremos ser asertivos. Hay días en los que nos sentimos menos capaces, personas con las que nos sentimos menos fuertes o situaciones en las que la frustración nos supera y reaccionamos de una manera algo más agresiva de lo habitual. No pasa nada. Cada situación y cada persona son distintas. Respeta el derecho del niño a no ser siempre asertivo. En un campo de concentración la pasividad era la mejor herramienta de supervivencia. Ante una situación de abuso, sacar las uñas puede ser la única salida, y cuando una persona experimenta ansiedad, saber mantenerse al margen y no combatir por cada pequeño conflicto es una estrategia emocional inteligente. Ser asertivo en condiciones normales es, sin duda, la mejor opción, pero en la vida no todas las situaciones ni las personas son normales. No limites el repertorio de comunicación de tu hijo y dale un poco de cancha para que en distintos momentos reaccione de distinta manera. Es pequeño. En ocasiones lo más normal es que tenga miedo. Respeta su derecho a no ser siempre asertivo.

Da voz al silencioso

La tercera clave para ayudar a tu hijo a ser asertivo es darle voz cuando necesite hablar y no pueda hacerlo. Una de las primeras cosas que uno aprende cuando se especializa en terapia de grupo es la de prestar especial atención a aquellos miembros del grupo que permanecen silenciosos. Cuando en una reunión se toca un tema emocionalmente complejo, es frecuente que el miembro del grupo que más tiene que decir sea aquel que permanece callado. Con los niños puede suceder lo mismo. Voy a compartir contigo una experiencia que vivimos en mi familia y que ejemplifica a la perfección la gran importancia que puede tener dar voz al silencioso. A los pocos meses de nacer nuestra hija menor, mi mujer y yo estábamos realmente agotados. Diego, nuestro hijo mayor, no había cumplido los cuatro años y sus hermanas de un año y medio y dos meses eran todavía muy pequeñas. Las dos se despertaban varias veces cada noche a tomar el pecho o el biberón, y nosotros acusábamos el cansancio de haber pasado por tres embarazos, tres partos y la crianza de tres hijos en tan solo cuatro años. Recuerdo que los llantos me molestaban como nunca me había ocurrido y que, por primera vez en cuatro años, vi a mi mujer perder la paciencia. En esas circunstancias es normal que cualquiera tenga los nervios a flor de piel y, como suele ser habitual, discutíamos más de lo normal. Un domingo por la mañana íbamos en coche a ver a los abuelos y, sin saber cómo, mi esposa y yo nos enzarzamos en una discusión. No recuerdo sobre qué discutimos. Posiblemente sobre nada en concreto. Lo que sí recuerdo es que nos reprochábamos el uno al otro lo que no habíamos hecho bien y nos dijimos unas cuantas cosas feas que conectaban con la crispación que sentíamos por dentro. No podíamos parar. Entonces vi a través del retrovisor a Diego, sentado en su sillita de niño, totalmente callado y mirando al suelo. En ese momento supe que la situación no estaba siendo justa para él. Lo estaba pasando mal. Podría haberle dicho: «Tranquilo, Diego, papá y mamá no van a discutir más». Sin embargo, sabía que no podría cumplir esa promesa, porque todos los papás discuten de vez en cuando. En lugar de eso decidí darle voz para que fuera él el que dijera lo que realmente sentía.

Yo: ¿Cómo te sientes, hijo?

Diego: Mal.

Yo: Porque papá y mamá estamos discutiendo mucho, ¿verdad?

Diego: Sí. Me da miedo.

Yo: No te atrevías ni a hablar, ¿verdad?

Diego: Verdad.

Yo: Oye, Diego. Y ¿qué te habría gustado decir cuando estabas tan callado?

Diego: (Muy tímidamente). Que no discutáis más.

Yo: ¿Ah, sí? Pues eso está muy bien. Deberías haberlo dicho. Deberías decir siempre lo que piensas. Sobre todo si hay algo que no te gusta o te está molestando. Hum, ¿sabes lo

que creo? Creo que deberías decirlo bien fuerte. Venga, yo
te ayudo.

Diego: Dejad de discutir.

Yo: ¡Más fuerte!

Diego: ¡¡¡Dejad de discutir!!!

Yo: ¡¡¡¡¡¡Más fuerte!!!!!!

Diego: ¡¡¡¡¡¡¡¡¡DEJAD DE DISCUTIR!!!!!!!!!!!

Diego estaba sonriendo y había recuperado la alegría. Creo
que nunca me he sentido tan orgulloso de mi labor como
padre como el día en que le enseñé a mi hijo mayor a decir
lo que piensa, superando el miedo a decirlo. A medida que
pasan los meses, mi esposa y yo discutimos mucho menos,
pero, cuando lo hacemos, no ha habido ocasión en la que
Diego no nos haya dicho que nos callemos o que dejemos
de discutir. A veces le hacemos caso y otras no del todo,
pero siempre estamos tranquilos porque no hemos vuelto
a ver en él ese pozo de tristeza que llevaba por dentro el
día que, sentado en su sillita, no se atrevía a hablar. Como
padres, no podemos ser perfectos. Como dicen Daniel Siegel y Tina Bryson en su fantástico libro *El cerebro del niño*,
no existen superpapás. Todos nos enfadamos, discutimos
y nos equivocamos, pero si enseñas a tu hijo a decir lo que
piensa cuando está callado, lo estarás ayudando a ser una
persona más asertiva; a expresar lo que siente y a pedir
lo que quiere. Y sabrás que será capaz de defenderse aun
cuando las circunstancias hagan que se sienta un poquito
asustado.

Recuerda

La asertividad es un regalo para cualquier niño, porque va a permitirle expresar sus deseos, miedos e inquietudes libremente. Yo te animo a que desde hoy mismo seas un poco más asertivo con los demás, pero sobre todo con tu hijo, a que tengas en mente sus derechos, los respetes y los hagas valer, y que le des voz cuando se sienta débil o impotente. De esta manera aprenderá a defenderse y a pedir en cada momento lo que quiere.

17.
Sembrar la felicidad

«La felicidad no es algo ya hecho. Llega de tus propias acciones.»

DALÁI LAMA

En la primavera de 2000 tuve la oportunidad de asistir a una conferencia sobre la depresión infantil mientras hacía mi residencia como neuropsicólogo en Estados Unidos. Era una oportunidad única para escuchar a uno de esos psicólogos que todos los estudiantes de Psicología estudiamos en la facultad. El doctor Martin Seligman se hizo famoso a finales de la década de 1970 por desarrollar una teoría revolucionaria sobre el origen de la depresión. En aquella ocasión nos habló con gran preocupación del enorme incremento de casos de depresión infantil que por aquel entonces se estaban detectando en Estados Unidos. De acuerdo con este psicólogo, los datos no solo eran alarmantes, sino que, según su previsión, los casos seguirían aumentando en los próximos años. En su brillante conferencia explicó cómo ser capaces de tolerar la frustración parecía ser un seguro frente a la depresión, y que, contrariamente a lo que parecería aconsejable, los niños no estaban expuestos a situaciones frustrantes de la misma manera que lo estuvieron sus padres o abuelos. Aunque eran solo los primeros años del *boom* de Internet, en esa época cualquier chaval escribía correos o chateaba con solo sentarse delante de un ordenador. Se estaban perdiendo ciertos hábitos que cultivaban la capacidad de resistir la frustración, como esperar al día siguiente o a la hora de la tarifa reducida para hablar con un compañero de clase, o escribir y esperar cartas de los amigos del verano. De acuerdo con el doctor Seligman, si no hacíamos nada para remediar la pérdida de los valores de los padres, el modelo de gratificación instantánea y el avance de nuevas tecnologías, podría tener graves consecuencias en la salud mental de los niños. Unos pocos años después, todas las predicciones se han hecho realidad. Ya no hace falta sentarse delante de un ordenador para hablar con los amigos porque, antes de la adolescencia, cualquier niño tiene toda la tecnología y las redes sociales en la palma de la mano. Hablar con un amigo resulta tan sencillo como consultar un partido de fútbol o explorar la anatomía del sexo opuesto. No hace falta tener valor para hablar con una chica en persona o aguantar las calabazas, porque Internet lo hace todo más fácil. Hay chicos que no se hablan en clase, pero chatean al llegar a casa, y los padres se muestran cada vez más complacientes y permisivos con sus hijos.

Martin Seligman se ha convertido, posiblemente, en el psicólogo más influyente de nuestro tiempo. Su preocupación por el avance de la depresión lo llevó a abrir un nuevo campo de investigación, y hoy en día es conocido como el fundador de la «psicología positiva», una rama de la psicología centrada en la búsqueda de las claves de la felicidad. Uno de sus principales focos de estudio es conocer qué es aquello que hacen algunas personas que les permite experimentar felicidad y las protege de la depresión. Después de más de una década de estudios, conocemos muchas de las claves de la felicidad. Lo más interesante de las investigaciones de psicología positiva es que todas las personas pueden aumentar sus niveles de felicidad si cambian algunos hábitos y costumbres. Tú puedes ayudar a tus hijos a desarrollar un estilo de pensamiento positivo, transmitiéndoles unos pocos valores y hábitos sencillos en vuestra vida diaria. Saca un boli y un papel porque lo que vas a leer a continuación puede ayudarte tanto como a tus hijos a mirar la vida con optimismo.

Aprender a tolerar la frustración

Una tarea que todo niño debe aprender a lo largo de su vida si quiere llegar a ser un adulto feliz es la de aprender a superar la frustración. La vida está llena de pequeñas y grandes satisfacciones, pero también de pequeñas y grandes frustraciones. Como ya hemos visto, ningún padre puede librar completamente a sus hijos de esos momentos de sufrimiento o insatisfacción y, por lo tanto, a tu hijo no le queda otra que aprender a sobrellevar la frustración. El niño tiene que entender que «NO» es una palabra común, porque la va a escuchar muchas veces en su vida. Puedes ayudarlo a entenderlo si se lo explicas, si lo sostienes en brazos o si lo abrazas cuando esté desbordado, utilizando la empatía, pero, sobre todo, si lo ayudas a ver que, en ocasiones, las cosas simplemente no pueden ser. Es posible que sientas que estos consejos se quedan un poco cortos y que te gustaría conocer más acerca de cómo ayudar al niño a sobrellevar la frustración. No es casual. En el capítulo en el que se aborda el autocontrol podrás leer más trucos y estrategias que te ayudarán a enseñar a tus hijos a dominar su frustración.

Evita colmar todos sus deseos

Hay muchos estudios que demuestran que no hay ninguna correlación entre la riqueza y la felicidad. Aunque un cierto bienestar económico es necesario para evitar el sufrimiento que provoca el hambre o el frío, parece demostrado que, una vez alcanzados ciertos niveles de seguridad, el dinero no da la felicidad. Los estudios demuestran que la felicidad no está relacionada con el sueldo, la posición social o los bienes materiales que poseemos. Es cierto que cuando nos compramos unos zapatos o un coche nuevo nos sentimos satisfechos, pero, según parece, este subidón de felicidad puede durar entre unos minutos y unos pocos días.

Estudios hechos a ganadores de lotería revelan que unos pocos meses después de haberse hecho millonarios eran tan felices o infelices como antes. Evitar colmar todos los deseos del niño va a enseñarle tres cosas que pueden ayudarlo a ser más feliz en la vida. En primer lugar, que la felicidad no se puede comprar. En segundo lugar, que en la vida no podemos tener todo lo que queremos y, en tercer lugar, que las personas se sienten felices por cómo son y cómo se relacionan con los demás.

Ayúdalo a cultivar su paciencia

Puedes comenzar desde bien pequeño, cuando necesite tomar el pecho o se sienta incómodo por algún motivo. En lugar de atenderlo con urgencia, confía en su capacidad de esperar. No vivas su llanto con angustia porque solo le enseñarás que experimentar frustración es realmente angustioso. Atiéndelo lo antes posible, pero con toda la calma y la confianza que te da saber que tu bebé puede soportar un poquitito de frustración. A medida que crece, puedes ayudarlo a manejarse mejor con la frustración enseñándole a respetar los límites, especialmente en lo que al tiempo se refiere. Es bueno que su cerebro aprenda que debe esperar ciertos momentos o turnos para conseguir lo que quiere. En este sentido, puedes enseñarle que antes de sacar un juguete debe guardar el anterior, que antes de comer debe lavarse las manos, que antes de pintar debe recoger la mesa y que para conseguir aquel regalo que le haría tan feliz va a tener que esperar a su cumpleaños o a otra fecha señalada. Seguramente lo vivirá con cierta frustración e impaciencia, pero también aprenderá a esperar las cosas con ilusión, que es otra característica más de las personas altamente felices.

Dirige su atención hacia lo positivo

No hay mejor receta para ser una persona infeliz que pensar constantemente en las cosas que no tenemos. Las personas que se sienten desgraciadas tienden a dirigir su atención hacia aquello que las molesta o las entristece. Las personas felices, sin embargo, dirigen su atención a aquellas cosas que son positivas. Afortunadamente, los hábitos de atención pueden cambiarse; al igual que un dentista tiende a fijarse en la sonrisa de la gente porque su cerebro piensa en clave dental, tú puedes ayudar a tu hijo a desarrollar un estilo de atención positivo. Una estrategia muy sencilla que puedes aplicar cuando exprese su frustración por aquello que sus amigos tienen y él no es redirigir su atención hacia todas las cosas materiales o inmateriales que tiene la fortuna de disfrutar. No se trata de negar sus sentimientos, puedes escucharlo con empatía, pero a la vez puedes ayudarlo a pensar positivamente y explicarle que «aquellas personas que se fijan en lo que no tienen se sienten tristes y aquellas que se fijan en lo que tienen se sienten contentas y afortunadas».

En casa pongo en práctica un sencillo ejercicio que, a través de una investigación de psicología positiva, demostró que se puede enseñar a las personas a dirigir la atención hacia lo positivo. Durante cuatro semanas, unos estudiantes escribieron en un papel cada noche tres cosas positivas que les habían ocurrido a lo largo del día. Después de cuatro semanas, sus niveles de felicidad habían aumentado significativamente. Teniendo en cuenta los resultados de este interesante estudio, cada noche, antes de leerles un cuento, pido a mis hijos que me digan dos o tres cosas buenas que ha tenido su día. Si practicas este sencillo ejercicio, no solo vas a ayudar a tus hijos a fijar su atención en el lado bueno de las cosas, sino que vas a enterarte de qué cosas son realmente importantes para ellos. Si te digo la verdad, pensar en lo mejor que ha tenido el día no es una actividad que les entusiasme, pero la cabezonería de su padre hace que sea condición *sine qua non* para leer el cuento de buenas noches. Estoy convencido de que esto los ayuda a desarrollar un pensamiento positivo, y si no, aguantar a su padre por lo menos los ayuda a ejercitar su paciencia.

Cultiva el agradecimiento

Los estudios han demostrado que aquellas personas que dicen «gracias» con más frecuencia y que se sienten más agradecidas alcanzan mayores niveles de felicidad. Parte del truco consiste en que el agradecimiento ayuda a poner la atención en el lado positivo de la vida. Da las gracias y recuerda a tu hijo la importancia de ser agradecido con las personas. Seas o no religioso, también puedes aprovechar la hora de la cena para agradecer o sentirte afortunado por tener alimentos en la mesa y por poder disfrutar los unos de los otros. Este sencillo ritual contribuirá a que los niños sepan apreciar su suerte y todas las cosas de las que disponen.

Ayúdalo a engancharse a actividades gratificantes

Puede parecer una idea demasiado sencilla, pero si lo piensas bien, es una idea poderosa. Aquellas personas que dedican tiempo a hacer cosas que les gustan son más felices que quienes dedican más tiempo a hacer cosas que no les gustan. En concreto, se ha demostrado que las personas que tienen *hobbies* y que son capaces de sumergirse en una actividad como pintar, hacer deporte o cocinar, hasta el punto de perder la noción del tiempo, son más felices que las que no. Respeta e incentiva los momentos en los que tu hijo esté entretenido dibujando, ordenando sus muñecos, construyendo cosas o mirando cuentos, pues la capacidad de abstraerse y de perder la noción del tiempo es muy valiosa desde el punto de vista de la felicidad.

Asimismo, puedes ayudarlo a alejarse de aquellas cosas que no le gustan o le hacen sentir mal. A veces los niños se obsesionan con un amiguito que no los trata del todo bien.

Puedes animarlo a jugar con los niños con los que disfruta sin sentirse mal y ayudarlo a entender que no se siente bien con aquel niño que lo trata mal. Saber elegir las amistades es también clave para el bienestar emocional.

Recuerda

La felicidad es una conjunción de carácter, seguridad, confianza, capacidad de defender nuestros derechos y una mirada positiva a la vida. Puedes contribuir a que tu hijo construya un estilo de pensamiento positivo ayudándolo a sentir agradecimiento por las pequeñas cosas de cada día, a sacar una lectura positiva de su día y, sobre todo, a cultivar su paciencia y su tolerancia a la frustración.

PARTE IV
Potenciar
el cerebro intelectual

18.
Desarrollo intelectual

«El juego es la manera preferida de nuestro cerebro de aprender.»

DIANE ACKERMAN

Las capacidades intelectuales son dominio casi exclusivo de la corteza cerebral, la región más externa del cerebro, que todos identificamos por sus pliegues e interminables arrugas. Como ya hemos visto, el cerebro intelectual tiene menor protagonismo en el niño que en el adulto. El recién nacido viene al mundo con un cerebro casi liso, sin apenas arrugas, y se relaciona con el mundo principalmente desde su cerebro emocional. A medida que el niño va aprendiendo y desarrollando nuevas habilidades, comienzan a aparecer cientos de miles de millones de sinapsis o conexiones nerviosas que darán al cerebro adulto su volumen y sus arrugas características. Cada vez que el niño aprende algo –como el hecho de que si suelta su chupete este caerá y hará ruido–, su cerebro desarrolla nuevas conexiones. El mundo que lo rodea es el mejor maestro para el cerebro intelectual y, en este sentido, lo más importante es que el niño tenga oportunidades de explorar en distintos entornos y con distintas personas. Los padres hacemos una modesta contribución en su desarrollo intelectual, aunque de una gran importancia, pues somos los principales encargados de ayudar al niño a adquirir el lenguaje, así como las normas, las costumbres y los conocimientos útiles de nuestra cultura. Cualquier padre esquimal con dos dedos de frente enseñará a su hijo su idioma, cómo debe manejar los perros de trineo, así como la diferencia entre un arpón para focas y uno para ballenas. Posiblemente tus enseñanzas no tengan mucho que ver con las del padre inuit, pero los dos intentaréis transmitir con éxito todas las claves que van a permitir a vuestro hijo vivir dentro de su cultura. Además de esa transmisión de costumbres y conocimientos, los padres también tienen una marcada influencia en el desarrollo intelectual de sus hijos, pues, como sabemos, transmitimos estilos de pensamiento. De esta manera, el estilo de organizar los recuerdos, de elaborar historias o de pensar acerca del futuro se transmite de padres a hijos, lo que contribuye de una forma inestimable a su desarrollo intelectual.

Desde mi experiencia, no es sorprendente que la llave del potencial del cerebro del niño se encuentre en la relación entre padres e hijos. Para el cerebro humano no hay un estímulo más complejo que otro ser humano. Interpretar las inflexiones de la voz, las microexpresiones faciales, la gramática de las frases o las motivaciones de otro ser humano es un desafío único. A pesar de ello, muchos padres se dejan engatusar por los programas de estimulación de las tabletas o de los teléfonos inteligentes, bajo la percepción de que pueden ser un estímulo beneficioso para el niño, incluso más que un buen rato de conversación entre padre e hijo. Posiblemente, estos padres desconocen que el cerebro humano es mucho más complejo, versátil y eficaz que cualquier ordenador creado hasta la fecha. La siguiente comparativa ilustra a la perfección la incomparable riqueza del cerebro humano frente a un procesador doméstico que pretenda intervenir en la educación de los hijos; el número de operaciones que puede realizar en un segundo una tableta con la que juegan millones de niños en todo el mundo –por ejemplo, un iPad 2– es de ciento setenta megaflops (una medida de la velocidad de un ordenador). En el mismo lapso de tiempo, el cerebro humano realiza dos mil doscientos millones de megaflops; es decir, el cerebro humano es doce millones de veces más complejo que un iPad 2. Si los ordenadores tuvieran un efecto beneficioso sobre la inteligencia, posiblemente habrías notado que desde 2000 –año a partir del cual comenzó a popularizarse el uso de Internet–, y más especialmente desde 2010 –cuando comenzaron a proliferar los teléfonos inteligentes–, eres cada año un poquito más inteligente. Aunque esto sería maravilloso, estoy convencido de que no tienes esa sensación. Sin embargo, si eres un usuario frecuente de esta tecnología, sí que es probable que te muestres menos paciente en los ratos de espera, que te aburras con más facilidad, y que te cueste estar un rato sentado en un parque sin ponerte a mirar el teléfono móvil. Como puedes comprobar por ti mismo, la tecnología no ha tenido un efecto positivo en tu cerebro y, sin embargo, sí te ha vuelto menos paciente. Posiblemente, también tengas más dolores cervicales y hayas perdido agudeza visual. Si quieres compartir estos «beneficios» con el cerebro en desarrollo de tus hijos, no tienes más que descargarte todas las aplicaciones diseñadas para atrapar la atención de los más pequeños y dejar a su alcance tus dispositivos electrónicos. Yo, personalmente, estoy convencido de que en unos años toda esta tecnología se venderá acompañada de un amplio prospecto en el que se especifiquen los riesgos para la salud y sus efectos secundarios.

Más allá de que la tecnología no parezca tener un efecto beneficioso sobre el cerebro del niño, he creído conveniente explicarte en esta introducción lo que hoy en día entendemos por capacidad intelectual. Muchas personas identifican la capacidad intelectual con el cociente intelectual (CI). El CI fue una invención de principios del siglo XX diseñada para clasificar a los niños en función de su nivel de inteligencia y dar atención especializada a aquellos que la necesitaban. La primera crítica a este sistema fue que los niños con más dificultades eran segregados del sistema educativo normal con el fin de recibir una educación especial. Hoy en día, el CI recibe también muchas críticas porque no evalúa todas las capacidades intelectuales, y lo que mide no se ajusta a la concepción que tenemos hoy en día de «inteligencia». Tradicionalmente se ha identificado a la persona bien formada y con un alto nivel cultural como inteligente y, hoy en día, la mayoría de los expertos darían ese papel a una persona menos cultivada, pero más avispada. La razón es muy sencilla, una persona puede acumular muchos conocimientos y mostrarse muy inteligente y, sin embargo, tener dificultades para adaptarse a situaciones nuevas o no ser capaz de conseguir sus metas, por lo que se verá adelantada por otras personas más despiertas o que tienen el don de la oportunidad. Como puedes ver, la inteligencia tiene muchos matices y, posiblemente, la mejor definición que tenemos de ella sea que se trata de «la capacidad de resolver problemas nuevos y adaptarse al entorno». A pesar de que esta formulación define mejor el concepto de inteligencia, la realidad es que el cociente intelectual es la medida que más se relaciona con el nivel de desarrollo académico, socioeconómico y laboral de una persona. Lo que quiero decir con esto es que es muy importante ser despiertos, avispados o «listos», como solemos decir en el lenguaje coloquial, pero los estudios demuestran que cultivar la mente y tener un amplio bagaje cultural también lo es. En este caso, como en otros tantos puntos del desarrollo, un buen equilibrio es la mejor fórmula, y tener un buen balance entre el conocimiento y la inteligencia ofrece mayores ventajas. En este sentido, creo tan importante ayudar al niño a desarrollar su lado más pícaro como cultivar sus conocimientos en todas las disciplinas de la vida.

La capacidad de resolver problemas no es la única herramienta de la que dispone el cerebro intelectual. Utilizo la palabra «herramienta» porque desde el punto de vista del cerebro todas estas habilidades no son sino herramientas que nos permiten sobrevivir y nos ayudan a conseguir un desarrollo pleno. La capacidad de atender y de concentrarse, el dominio del lenguaje, la memoria, la inteligencia visual o ejecutiva son destrezas intelectuales que muchas veces pasamos por alto y que, sin embargo, influyen de una manera determinante en nuestra manera de pensar, resolver problemas, tomar decisiones o conseguir aquellas metas que queremos obtener en la vida. Un niño con una inteligencia visual desarrollada será capaz de resolver problemas de una manera más intuitiva. Aquel que tenga buena memoria será capaz de recordar situaciones similares que le permitan resolver el problema de una manera más rápida. El niño atento será capaz de prestar atención a los detalles que marcan la diferencia y de permanecer concentrado hasta el final. El que domina el lenguaje será capaz de exponer sus argumentos y opiniones de una manera clara y convincente, y el que tenga autocontrol será capaz de esperar el momento idóneo para cazar la oportunidad al vuelo. Aquel que haya cultivado todas esas habilidades y sepa aplicarlas de una manera conjunta tendrá, sin duda, muchas ventajas en la vida. En esta última parte del libro vamos a repasar las herramientas más importantes del cerebro intelectual, así como estrategias prácticas y sencillas para que apoyes a tus hijos en su desarrollo. A estas alturas, puedes ya suponer que no encontrarás complejos jeroglíficos ni tablas de ejercicios. Está comprobado que los programas de ordenador diseñados para entrenar el intelecto de los niños no tienen ningún efecto (positivo) en su inteligencia, pues no permiten reproducir la manera en la que el cerebro del niño aprende y se desarrolla. Por eso, a continuación encontrarás ideas prácticas para que en vuestras rutinas y conversaciones tu hijo y tú os divirtáis y juguéis a pensar, recordar o atender, de manera que potencien la forma natural en la que su cerebro se desarrolla. Vamos a detenernos en las que la mayoría de los expertos consideramos las seis áreas más importantes en el desarrollo intelectual del niño.

19.
Atención

«El éxito en la vida no depende tanto del talento como de la capacidad de concentrarse y perseverar en lo que se quiere.»

CHARLES W. WENDTE

La atención es la ventana a través de la cual nos comunicamos con el mundo. Quiero que imagines que vas a visitar tres casas con la intención de elegir una para comprar. La primera casa tiene un amplio salón, con una única ventana. Esa ventana es pequeña y hace que tengamos que movernos para contemplar la totalidad del paisaje, y reduce la luminosidad de la estancia. En la segunda casa, un gran mosaico preside la ventana del salón. Al principio te parece muy atractivo y entretenido, pero sus múltiples cristales y colores impiden tener una visión nítida del exterior, fragmentan la atención y hacen la habitación francamente oscura. En el tercer salón, encuentras una gran ventana que ofrece unas vistas inmejorables del exterior y permite que entre abundante luz. Enseguida te entran ganas de sentarte a contemplar el paisaje o de leer cómodamente bajo su ventana. La atención es exactamente igual que las distintas ventanas que pueden ponerse en una estancia. Cuando la atención es estrecha, es difícil tener una buena visión de las cosas y lo es también recoger la información que llega desde fuera. Cuando la atención está fragmentada, nos cuesta concentrarnos y aprovechar bien la luz del exterior. Sin embargo, cuando tenemos una atención amplia y calmada, nos concentramos mejor, somos capaces de percibir todos los detalles del mundo que nos rodea y podemos aprender con claridad los conocimientos del mundo exterior.

Atención amplia

Las personas adultas se embarcan en cursos de relajación, yoga o taichi para mantener la amplitud de su atención, con la esperanza de tener una mente más luminosa y clarividente. Los ejecutivos de las grandes compañías practican *mindfulness*, práctica que, sabemos, mejora su concentración, creatividad, toma de decisiones y productividad. Sin embargo, los padres y las madres de todo el mundo siguen descargando juegos y aplicaciones en su móvil, buscando que sus hijos tengan una atención más rápida y veloz. ¿Por qué alguien querría entrenar a sus hijos para tener una ventana al mundo exterior más pequeña, breve o fragmentada? La verdad es que no lo sé. Seguramente tiene que ver con la idea, ampliamente extendida, de que los videojuegos y las aplicaciones para niños ejercitan la mente y potencian el desarrollo cerebral. Sin embargo, sabemos que las aplicaciones del móvil, los videojuegos y la televisión no tienen ningún efecto positivo en el cerebro. Probablemente, algún lector mal informado o algún amigo al que le comentes lo que acabas de leer te dirá que se ha demostrado que las aplicaciones para niños pueden mejorar la velocidad de toma de decisiones o la capacidad visuoespacial. Efectivamente, hay algunos estudios que así lo indican. Como experto puedo asegurarte que son estudios mal diseñados, mal dirigidos y mal interpretados. Lo único que demuestran estos estudios es que los niños que practican con estos juegos se vuelven más rápidos y acertados para estos juegos. Hay, sin embargo, muchos otros estudios, mejor diseñados, que indican que los niños que están en contacto habitual con pantallas de móviles, tabletas u ordenadores son más irritables y tienen peor atención, memoria y concentración que aquellos que no las usan.

Atención lenta

Otra razón por la que muchos padres dejan a sus hijos jugar con videojuegos es porque parecen necesitar que sus hijos crezcan deprisa. Cuando el niño tiene que estar aprendiendo a hacer trazos rectos con el lápiz, sus padres quieren que maneje la tableta, y cuando deberían estar jugando libremente a imaginarse mundos de magos y princesas, quieren que sean estrellas que conducen una moto en un videojuego. Muchos afirman convencidos que los videojuegos hacen a los niños más rápidos, como si esta fuera una mejor forma de crecer. Si se tiene la intención de aumentar la velocidad de atención, es preciso tener en cuenta que se trata de una capacidad intelectual que debe desarrollarse poco a poco. En primer lugar, el niño comienza por prestar atención a un objeto durante periodos breves de tiempo, y siempre que el estímulo se mueva o haga sonidos. Posteriormente, el niño puede fijar la atención durante más tiempo y de forma algo más voluntaria; ya no necesita que el estímulo se mueva, emita luces o sonidos. Más adelante el niño aprenderá a controlar su atención de forma voluntaria; será capaz de permanecer más tiempo tranquilo y comenzará a jugar solo por periodos más o menos largos. En este momento, muchos padres empiezan a incentivar el uso de los móviles y las tabletas, con juegos en los que el niño tiene que hacer explotar cerditos voladores, mover motos de aquí para allá o encontrar pájaros gruñones que se mueven por toda la pantalla. Más que un adelanto hacia una mayor amplitud de atención y un mayor control de la propia mente, a mí, personalmente, me parece un atraso, pues volvemos al modelo en el que el niño no hace más que responder a sonidos, movimientos y señales luminosas, salvo que la velocidad a la que se mueven los objetos y a la que cambian es mucho más rápida. Es como si a un niño que acaba de empezar a andar le regalamos una moto de ochocientos centímetros cúbicos.

El valor de la atención

Hay otra razón, quizá más poderosa, por la que no creo que dejar a niños tan pequeños entretenerse con este tipo de tecnología sea positivo para sus cerebros. Hay una región en el cerebro emocional denominada «cuerpo estriado» que tiene una relevancia muy grande en cuanto al desarrollo de nuestros gustos y apetencias. Esta área, estrechamente ligada a la atención, identifica qué actividades o juegos son mejores en función, principalmente, de dos factores. El primero es la intensidad del estímulo, y el segundo, la velocidad a la que llega la satisfacción. Cuanto más novedoso, gratificante, llamativo o rápido sea el estímulo, más «enamorado» quedará el núcleo estriado de esa actividad. El problema está en que el núcleo estriado puede coparse con unos pocos objetos de deseo, como la persona que está locamente enamorada y solo piensa en su ser amado. Así, el niño que cae en las emocionantes redes de las tabletas y los videojuegos puede perder todo el interés por otras cosas, como conversar con sus padres, jugar con muñecos, ir en bici, por no hablar del hecho de prestar atención a la profesora o hacer los deberes. Estos niños pueden parecer poco atentos y ser diagnosticados con trastorno por déficit de atención, cuando en realidad están poco o nada motivados. De la misma manera que los niños enganchados a los dulces han perdido el gusto por otros alimentos menos dulces –alimentos que en otras épocas y culturas eran y son auténticas golosinas, como la fruta–, el niño que juega a los videojuegos corre el riesgo de perder la ilusión por todo lo demás. El problema solo puede empeorar con los años, pues los pocos estímulos lo suficientemente gratificantes para hacer olvidar al núcleo estriado su amor por las pantallas y los videojuegos son las drogas, el juego y el sexo. Puede parecer algo duro, pero como comenté al principio del libro el cerebro no funciona ni como creemos ni como queremos; funciona como funciona, y en este caso el núcleo estriado es una estructura que hay que mantener bien vigilada y protegida, porque desempeña un papel muy importante en los trastornos adictivos y en el déficit de atención. Al igual que un cocinero debe educar su paladar, los padres tienen entre su lista de tareas educar el paladar emocional de sus hijos para que puedan saborear y disfrutar de todos los matices y de las texturas de la vida antes de exponer al niño a estímulos tan poderosos que hasta los propios adultos nos sentimos indefensos ante ellos.

Núcleo estriado
- Concentración
- Asignar valor emocional
  a las cosas
- Toma de decisiones

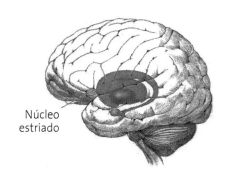

Núcleo
estriado

La verdad es que no soy el único que piensa de este modo respecto a los dispositivos electrónicos. Podría citar a otros colegas o expertos en educación que abogan por limitar el tiempo de exposición a estos dispositivos, sin embargo, es fácil que te crees una impresión de nosotros como excéntricos científicos. Prefiero mostrarte ejemplos de personas que se mueven en el mundo real y que no tienen nada en contra de la tecnología. Espero que sus experiencias te parezcan suficientemente relevantes. En 2010, cuando un periodista le preguntó a Steve Jobs cuáles eran las aplicaciones del iPad favoritas de sus hijas de quince y doce años, este respondió: «No lo han usado todavía. Mi esposa y yo limitamos cuánta tecnología utilizan nuestros hijos». Bill Gates también es muy restrictivo con respecto al uso que sus hijos hacen de las pantallas. Gates no permitió que sus hijos utilizaran el ordenador o Internet hasta que tuvieron diez años de edad. Una vez que accedieron a las pantallas, lo hicieron con unas condiciones estrictas. Cuarenta y cinco minutos de lunes a viernes, y una hora al día los fines de semana. No creo que se pueda poner un ejemplo más relevante que el de Steve Jobs y el del propio Bill Gates. En realidad, esta tendencia es muy habitual entre los directivos de grandes corporaciones tecnológicas. En octubre de 2011, el *New York Times* publicó un artículo titulado «Una escuela de Silicon Valley en la que no se utiliza el ordenador». En la escuela Waldorf de Península, situada en el centro del Silicon Valley, los alumnos aprenden a la antigua usanza. No tienen pizarras electrónicas ni teclados para tomar apuntes.

En lugar de eso, sus alumnos se manchan las manos con tiza y hacen un tachón con boli en su cuaderno cada vez que se equivocan. Dedican tiempo a cultivar un huerto, a pintar y también a reflexionar. Lo más curioso de esta escuela es que los alumnos que llenan sus aulas son los hijos de los directivos de las grandes compañías del Valley, como Apple, Yahoo, Google, Microsoft o Facebook, entre otras. Estos padres prefieren que sus hijos aprendan de la manera tradicional, pues saben que las nuevas tecnologías no favorecen el desarrollo cerebral del niño.

La evidencia sobre los efectos de exponer a los niños pequeños a este tipo de estímulos –televisión, juegos, teléfonos inteligentes, tabletas– es importante. La American Academy of Pediatrics (Academia Estadounidense de Pediatría) ha recomendado que los niños menores de seis años no usen pantallas, y la Clínica Mayo –una de las instituciones médicas más prestigiosas de Estados Unidos– recomienda limitar su uso en estas edades para prevenir los casos de déficit de atención. Puede que me equivoque, pero, sabiendo lo que sé de neurociencia y de desarrollo intelectual, no tengo ninguna aplicación para niños en mi móvil o en mi tableta. Ocasionalmente, mis hijos repasan con nosotros algunas fotos en el móvil de las vacaciones o del día en que hicimos una tarta. Alguna vez vemos con ellos una canción y aprendemos su coreografía, pero no juegan a juegos. También limitamos el tiempo frente al televisor. En cualquier caso, prefiero equivocarme siguiendo mis propias intuiciones, que casualmente coinciden con las indicaciones de la American Academy of

Pediatrics y de la Clínica Mayo, que no hacerlo porque algún amigo leyó un artículo en una revista sobre niños.

Los ejecutivos de las grandes empresas de tecnología lo tienen claro, la American Academy of Pediatrics y la Clínica Mayo también. ¿Lo tienes claro tú también? Por si acaso no fuera así, y ya que algunos padres no cesarán en su empeño de utilizar las pantallas para realizar un entrenamiento cerebral con sus hijos, he decidido dedicar un capítulo entero a los programas y las aplicaciones educativas que considero más adecuadas para niños de entre cero y seis años. Allí describo sus principales ventajas y explico las virtudes de cada uno de ellas. Puedes utilizarlas con tus hijos siempre que quieras, porque son cien por cien seguras.

Ahora que ya sabes qué tipo de actividades pueden interferir en el desarrollo pleno de la atención del niño, voy a darte algunas estrategias sencillas para que puedas apoyar su desarrollo.

Pasa tiempo con tus hijos

Esta es una estrategia sencilla. Los niños que pasan más tiempo con cuidadores, pasan también más tiempo frente al televisor. Posiblemente por eso las dificultades de déficit de atención están muy extendidas entre familias de clase alta en las que los dos progenitores pasan largas jornadas fuera de casa y dejan a los niños bajo la tutela de una cuidadora. Para muchos papás puede ser imposible estar en casa más horas y necesitan realmente echar mano de una ayuda en casa. Para esos papás voy a compartir un truco que yo utilizo cuando durante dos semanas, en verano, los niños se quedan con una cuidadora porque han acabado la escuela y nosotros todavía trabajamos: cada mañana, antes de salir al trabajo, desenchufo el televisor. He comprobado que cuando los niños pasan la mañana en casa sin televisión están mucho más sonrientes y llenan su mañana de actividades diversas. Reducir el tiempo de televisión y pasar tiempo con tu hijo, jugando con él, ayudándolo a concentrarse, es el mejor seguro para la atención de tus hijos.

Deja que se desfogue

Atender y estar concentrado requiere de autocontrol. Cuando el niño ha pasado una jornada entera en la escuela, respetando las normas del aula y de relación con sus compañeros, la región del cerebro que ejerce el autocontrol puede estar algo cansada. Para recuperar su capacidad de ejercerla, esta región necesita un respiro. La mejor forma de hacerlo es dejar que el niño juegue libremente y se desfogue. Está demostrado que los niños que juegan libremente en un parque o que practican algún deporte canalizan mejor su energía y reducen significativamente el riesgo de sufrir TDA. Cada día, ofréceles un poco de tiempo para que se desfoguen y jueguen libremente.

Evita las interrupciones

Una buena atención implica una mejor concentración. Si quieres evitar que tu hijo se distraiga «con el vuelo de una mosca», te recomiendo que evites ser tú la persona que interrumpe su concentración. Posiblemente, el mejor consejo que puedo darte es que respetes esos momentos en los que tu hijo está tranquilo, mirando un cuento o jugando absorto con el juguete. Ese es un momento de atención plena y es bueno respetarlo. Igualmente, puedes ayudarlo respetando su espacio cuando está jugando con otros niños. Si sientes un deseo irrefrenable de participar, hazlo, pero intenta seguir las normas del juego en lugar de ser tú quien dirija la función. Por último, evita las interrupciones cuando estéis jugando o conversando; concéntrate en una única actividad, no saltes de un tema a otro en medio de la conversación ni cambies de actividad cada dos por tres cuando juegues con él. Respeta el curso de pensamiento del niño.

Ayúdalo a tener una atención tranquila

El ambiente influye en el grado de relajación o de excitación del cerebro. Seguramente te sientes mucho más tranquilo cuando das un paseo por el campo que cuando te encuentras en medio de una gran ciudad. Puedes ayudar a tu hijo a desarrollar una atención tranquila creando espacios y momentos en los que pueda sentirse relajado. Si vas a hablar con él o vais a dibujar, hazlo en momentos tranquilos: cuando su hermano pequeño está dormido, antes de ponerte a cocinar o cuando habéis acabado con la merienda. Si vais a hacer algo que requiera atención, como leer un cuento o preparar un bizcocho, evita las distracciones. Puedes ordenar la mesa en la que vais a trabajar, quitar los objetos innecesarios, apartar juguetes de su vista o simplemente apagar el televisor. También puedes poner algo de música suave que sea relajante. A los niños les encanta la música clásica o el *jazz*, y puede ayudarlos a concentrarse siempre y cuando la pieza que escuchéis tenga un ritmo tranquilo. También podéis practicar algún ejercicio de *mindfulness* para niños. El *mindfulness* es la capacidad de prestar atención plena al momento actual. Podéis tumbaros en el campo y simplemente ver cómo pasan las nubes o cómo se mueven las hojas de los árboles. Podéis sentaros en un parque, cerrar los ojos e intentar escuchar los distintos sonidos que tenéis alrededor. También puedes apoyarlo sobre tu pecho para que escuche tu corazón o tu respiración. Cuando a alguno de mis hijos le cuesta dormir, practicamos un ejercicio muy sencillo, pero que los ayuda mucho a relajarse. Les pido simplemente que intenten atrapar el aire. Como no pueden hacerlo con las manos, les pido que lo atrapen con la nariz, con la única condición de que lo atrapen muy despacio, llenen su tripita y luego lo suelten despacio. Cualquier actividad en la que el niño se concentra en lo que está pasando en ese mismo momento puede ayudarlo a tener una atención más tranquila, y le permitirá aprender a concentrarse y a relajarse cuando sea mayor.

Ayúdalo a concentrarse hasta el final

La concentración es la capacidad de mantener la atención el tiempo preciso para terminar lo que estamos haciendo. Como es normal, los niños tienden a perder el interés pronto y les cuesta terminar las cosas. Puedes ayudar a tu hijo evitando que se distraiga. Cuando veas que comienza a perder el hilo o el interés –o cuando ya lo haya perdido– redirige rápidamente su atención hacia lo que estaba haciendo. En este sentido, la pauta es que, independientemente de si estáis haciendo una tarta o un muñeco de plastilina, intentes conseguir que terminéis lo que empezasteis juntos. A veces no es posible porque el niño está cansado o la actividad se está alargando demasiado como para que un niño de su edad la termine. Cuando comience a distraerse, siéntate a su lado y ayúdalo a seguir concentrado. Cuando veas que ya está muy cansado, puedes llegar a un acuerdo respecto a lo que debe completar antes de terminar. Cuando llegue al punto que habéis acordado, felicítalo. Es importante que se sienta satisfecho por todo el esfuerzo que realizó.

Recuerda

Una atención plena es aquella que es amplia, calmada y que se sostiene hasta el final. Evitar el contacto de tus hijos con las pantallas es la primera estrategia para proteger el desarrollo normal de su atención. Ayudarlo a permanecer concentrado, desarrollar un estilo de conversación en el que no haya saltos, realizar ejercicio físico o crear una atmósfera adecuada puede contribuir a conseguirlo.

20.
Memoria

«Si la historia se escribiera en forma de cuentos, nunca se olvidaría.»

RUDYARD KIPLING

Tener buena memoria significa aprender y recordar con facilidad. Un niño con una buena memoria aprende más rápido, recuerda más detalles y, por lo general, disfruta del proceso de aprendizaje. Estudiar y aprender son tareas fáciles y estimulantes para él. Estoy seguro de que, entre todos los lectores, no hay ni uno solo al que no le gustaría que sus hijos o sus alumnos mejoraran su capacidad de aprendizaje y recuerdo. Sin embargo, por mi experiencia, los padres saben muy poco acerca de cómo ayudar a sus hijos a desarrollar su capacidad de memoria. En la mayoría de los casos, no se lo han planteado, no saben cómo hacerlo o confían en que en la escuela los enseñen a memorizar. Por desgracia, ninguno de estos enfoques es muy acertado. Sabemos que la memoria del niño se estructura, principalmente, durante los primeros años de vida, y que los padres son los grandes protagonistas de esta estructuración. En este sentido, puedo asegurarte que tu papel como padre en el desarrollo de la memoria de tu hijo es crucial.

Ayudar a tu hijo a tener una buena memoria no solo va a permitirle aprender y recordar mejor o ser un mejor estudiante en el futuro. Napoleón Bonaparte llegó a decir que una mente sin memoria es como un ejército sin guarnición, y en muchos sentidos estaba en lo cierto. Veamos un ejemplo muy cercano. Sabemos que la memoria es una función muy importante a la hora de resolver problemas; seguramente, tienes este libro entre tus manos porque ante una situación novedosa o moderadamente difícil como es criar a tus hijos, has recordado otras ocasiones en las que un buen libro o el consejo de un experto te ayudó. También es muy posible que en un futuro cercano, quizá mañana mismo, recuerdes alguno de los consejos que has leído en este libro y lo apliques para tomar una buena decisión relacionada con la educación de tus hijos. En cualquiera de los dos casos, tu memoria te habrá ayudado a solucionar mejor el problema. La memoria es clave también para que tus hijos alcancen sus sueños y sean más felices, pues, como verás a continuación, esta ayuda al niño a tener mayor confianza en sí mismo.

Al igual que otras destrezas cognitivas, la memoria está influenciada por nuestros genes, pero puede educarse y potenciarse gracias a la plasticidad del cerebro. Cuando tenía diez años, en mi colegio hicieron un test de inteligencia. De entre todos los niños de mi curso –más de ciento veinte–, obtuve la peor puntuación en la parte del test que medía la memoria. Hoy en día me gano la vida ayudando a personas a recuperar su memoria, y puedo decir con orgullo que soy capaz de aprender en un par de minutos el nombre de veinte nuevos alumnos que asisten a mis cursos y recordar gran parte de lo que estudié en la universidad. Gracias a mi experiencia personal y profesional, puedo asegurarte que la memoria puede fortalecerse si se utilizan las estrategias adecuadas. En este capítulo vamos a descubrir cómo se desarrolla la memoria del niño y cómo podemos potenciarla para que aprenda y recuerde mejor, pero también para que desarrolle un estilo de pensamiento positivo.

Narra a tu hijo su vida

Sabemos que gran parte del desarrollo de la memoria en el niño tiene que ver con las conversaciones madre-hijo. Cuando las madres conversan con sus hijos suelen hablar de las cosas que están sucediendo, que acaban de suceder, que han sucedido a lo largo del día y que sucedieron en los días previos. Para ello, las mamás elaboran pequeños relatos que sirven tanto para captar la atención del niño como para organizar los sucesos ordenadamente. A esos relatos los denominamos «narrativas». Veamos cómo funcionan.

Cecilia y su mamá se encuentran con una señora en la calle que ofrece a la niña un caramelo. Cuando llegan a casa, la mamá le cuenta al abuelo que Cecilia ha tenido mucha suerte, porque una señora muy simpática le ha dado un caramelo de fresa. Dos meses más tarde, vuelven a encontrarse con la misma señora en el supermercado y la mamá le pregunta a su hija: «¿Te acuerdas de esta señora?», Cecilia responde: «Sí, me dio un caramelo de fresa». Parece que contar historias es un rasgo intrínseco de nuestra especie. En todas las tribus los papás cuentan historias a sus hijos y todas las culturas tienen sus propios cuentos y leyendas que se transmiten de generación en generación. Desde hace años, los investigadores se han interesado por las razones por las cuales a los seres humanos nos gusta tanto crear historias. La mayoría de los científicos apuestan a que se trata de una manera eficaz de recordar el pasado e imaginar el futuro, pero en lo que todos coinciden es que narrar la propia vida y contar historias imaginarias ayuda a estructurar y a organizar la memoria del niño. De hecho, el niño elabora sus propias historias para poder recordarlas. Desde antes de cumplir los dos años el niño contará relatos breves acerca de lo que le ha llamado la atención para poder recordarlo mejor. Así, si ha ido al zoo, nada más llegar a casa o antes de ir a la cama, el niño le contará a su mamá que «el oso saludaba con la mano». Esa pequeña historia que el niño creó lo ayudará a recordar mejor al oso y su saludo. Todos los papás y mamás pueden fortalecer esa tendencia natural a crear historias elaborando con sus hijos narrativas de lo que han vivido juntos: de la fiesta de cumpleaños, de la visita a los abuelos o del paseo al supermercado. Tu hijo aprenderá a recordar de una manera más clara y organizada.

Desarrolla un estilo de conversación positivo-elaborativo

Sabemos que distintas mamás tienen distintas formas de crear narraciones. Algunas elaboran mucho sus historias, otras son muy explicativas y otras son más bien concisas. Elaine Reese, de la Universidad de Otago, en Nueva Zelanda, es la directora de un grupo de investigadores que lleva más de veinte años estudiando los estilos de conversación madre-hijo. Sus estudios han encontrado que un tipo concreto de conversación durante la infancia favorece la memoria y la capacidad de aprendizaje en la adolescencia y la vida adulta. Este estilo comunicativo se caracteriza por que las mamás elaboran mucho las narrativas, ordenan los sucesos temporalmente, hacen hincapié en los detalles ocurridos y centran la atención del niño en aquellos momentos que fueron divertidos o positivos. Este estilo de conversación se denomina «positivo-elaborativo». Aunque estos científicos han encontrado que los estilos de conversación son distintos entre los padres, y que estas diferencias son innatas, se ha comprobado que cualquier mamá y cualquier papá puede desarrollar un estilo positivo-elaborativo con un poco de práctica y que la adopción de este estilo de conversación repercute en el desarrollo de la memoria del niño. Estas son las claves de un estilo conversacional positivo-elaborativo.

Organización

Uno de los secretos de una memoria excelente es el orden.
Quiero que imagines dos cajones. Uno podría ser tuyo y el
otro de tu pareja. En uno de los cajones, todos los calcetines, la ropa interior y los complementos —como cinturones,
pulseras y relojes— están escrupulosamente ordenados. En
el otro, los calcetines desparejados se mezclan con la ropa
interior desdoblada y los complementos, en un perfecto
desorden. Si tu pareja y tú tuvierais que competir para ver
quién encuentra primero una pareja concreta de calcetines,
¿quién crees que la encontraría primero? Estoy seguro de
que todos estamos de acuerdo con que el cajón ordenado
aporta agilidad a la hora de encontrar las cosas. Con la memoria pasa exactamente lo mismo. Cuanto más ordenados
sean los recuerdos, más fácil es encontrarlos. El niño, sin
embargo, no dispone de una memoria ordenada, y aunque
es capaz de recordar bastantes cosas, sus recuerdos aparecen
de una manera disgregada. El niño de tres años, por ejemplo, puede recordar varias cosas que han sucedido en un fin
de semana, pero le costará mucho trabajo discriminar qué
pasó el primer día y qué pasó el segundo. En la mente del
niño, muchos sucesos están desparejados y almacenados sin
un orden lógico o temporal que facilite evocar su recuerdo.
Por ello, cuando conversemos con un niño acerca del pasado, conviene hacerlo de una manera ordenada, como en
una secuencia de relatos que permita hilar cada suceso con
el siguiente. Así, el pequeño comenzará a recordar en orden,
y eso le permitirá acceder a los recuerdos con mayor faci-

lidad. Esta sencilla técnica hará que tu hijo desarrolle una memoria más ágil y eficaz.

Veamos una narrativa que la mamá de Guillermo elabora para él cuando se da cuenta de que no recuerda el orden de las actividades que habían hecho juntos esa tarde. El niño está convencido de que compraron las medicinas al salir del médico y no recuerda todo lo que ocurrió. Si se ordenan los recuerdos temporalmente, el niño no solo es capaz de acordarse del orden correcto de los acontecimientos, sino que también es capaz de rememorar partes de la tarde que no recordaba.

Primero fuimos al médico y te miró la garganta.	Después estuvimos en el supermercado y compramos leche para desayunar.	Y lo último que hicimos fue ir a la farmacia para comprar las medicinas.

Definición

Cuando elaboramos narraciones sobre el día, las vacaciones o la fiesta de cumpleaños a la que acabamos de asistir, es importante prestar atención a los detalles. La memoria del niño fija ideas generales, impresiones, pero pocos detalles. Su memoria es como una gran red de pesca. Puede atrapar los peces grandes, pero los peces medianos y pequeños se escaparán por sus huecos. Ayudar al niño a recordar pequeños detalles le servirá para desarrollar una memoria cada vez más clara y definida. Algo parecido a lo que algunos llaman una «memoria fotográfica». Dar mayor claridad a una narración es tan sencillo como ayudar al niño a recordar detalles que no son necesariamente relevantes. Por ejemplo, si tu hijo recuerda la tarta de chocolate y las patatas fritas de la fiesta de su amiguito, tú puedes decirle: «Sí, la tarta y las patatas te encantaron, y también comiste un montón de gusanitos y aceitunas, ¿te acuerdas?». O, por ejemplo, si te cuenta que estuvo jugando con las muñecas en casa de su amiga, puedes ayudarlo a recordar detalles: «Sofía, este pijama es del mismo color que el vestido de la muñeca preferida de Alejandra, ¿verdad? ¿Recuerdas qué cositas tenía su muñeca? ¿Una diadema y un collar? ¡Muy bien!». Puedes ir añadiendo nitidez a cualquier recuerdo si repasas detalles relacionados con los colores, las formas, los objetos, las cosas que hizo tu hijo o las que hicieron otras personas.

Alcance

Otra estrategia interesante consiste en ayudar al niño a alcanzar recuerdos que se encuentran almacenados en lugares remotos de su memoria. Sabemos que gran parte de las cosas que hemos vivido y experimentado –y que no somos capaces de recordar– han quedado almacenadas en la memoria, aunque el cerebro no es capaz de acceder a ellas por sí mismo. Hablar sobre el pasado y ser capaces de hilar lo que ha ocurrido recientemente con hechos más lejanos y, a su vez, con el pasado remoto, puede ayudar a que la memoria desarrolle una mayor capacidad de alcance y agilidad en la recuperación de los recuerdos. Veamos un ejemplo sencillo de una conversación entre Elena y su mamá acerca de unos deliciosos helados.

M: El helado que hemos tomado hoy estaba muy rico, ¿verdad?
E: Sí. Era de chocolate.
M: Sí, y el mío de fresa.

M: Oye, y la semana pasada, cuando fuimos al parque con tus amigos la mamá de María también te invitó a un helado. ¿Te acuerdas de qué sabor era?
E: ¡Ah! ¡Sí! ¡Era de Coca-Cola!

M: Y ¿te acuerdas que el verano pasado tomamos muchos helados?
E: No...
M: Los comprábamos al lado de la playa... a un señor muy simpático
E: ¡Ah! ¡Sí! ¡A Papá se le cayó al suelo y un perro se comió su helado!

Una excelente manera de ayudar a tus hijos a tener una memoria con mayor alcance es dialogar cada noche con ellos sobre lo ocurrido durante el día o evocar en distintas circunstancias anécdotas que ocurrieron en situaciones parecidas, como hemos visto en los ejemplos anteriores. De esta manera, el niño aprenderá a rescatar sus recuerdos con más facilidad.

Recuerda en positivo

¿Recuerdas la primera vez que fuiste de vacaciones con tus amigos? ¿El primer viaje con tu pareja? ¿El primer cumpleaños de tu hijo? Seguramente, los recuerdos que guardas de esos momentos tienen algo en común: son recuerdos positivos. El cerebro humano tiene una tendencia natural a recordar lo positivo y a desechar los malos momentos, lo que nos ayuda a conservar un buen estado de ánimo, a te-

ner un buen autoconcepto y a darnos confianza en nosotros mismos. Puedes aprovechar esto si hablas con tu hijo
de cosas agradables del pasado, como en el ejemplo del helado. Cualquier hecho agradable, como el propio sabor del
helado –o una anécdota divertida, como el hecho de que el
helado de papá acabara devorado por un perro–, permitirán
al niño acceder al recuerdo con mayor facilidad. Las mamás
que se comunican a través de un estilo elaborativo-positivo
prestan más atención a los detalles divertidos o agradables
de los recuerdos, y por eso facilitan que el niño desarrolle
una mejor memoria.

Recordar en positivo es también clave para mejorar la
confianza del niño. Los recuerdos de nuestra vida, aquellas
experiencias que por una u otra razón merecen ser recorda-
das, se almacenan en el «precúneo», una región de la corteza
cerebral posterior. Cada vez que el niño –y luego el adulto– debe tomar una decisión respecto a si es capaz de emprender un proyecto o de resolver un problema, su cerebro
busca en el precúneo recuerdos que avalen su decisión. Si el
precúneo contiene recuerdos positivos y el niño es capaz de
acceder a ellos, será más optimista a la hora de emprender
un reto y lo afrontará con más confianza. En cierto sentido, el precúneo funciona como una especie de *curriculum
vitae* de nuestra propia vida. Cuando el currículum muestra experiencia para un campo determinado, el candidato
se presentará al puesto de trabajo sabiéndose el mejor candidato. En este sentido, si la mamá de Clara la ayuda a recordar que se defendió de una amiguita que le quería quitar

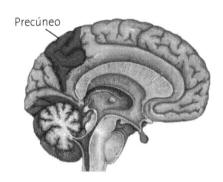

Precúneo

Precúneo
Recuerdos de nuestra vida
* Recuerdos de éxito
* Recuerdos de fracaso

su muñeca o que fue capaz de vestirse solita, la próxima vez que se enfrente a situaciones similares los recuerdos almacenados en su precúneo la ayudarán a afrontar la tarea con total confianza.

Recordar lo negativo

Con frecuencia, el niño resalta situaciones desagradables o injustas de su día. Es importante que des cabida a esos recuerdos. Cuando el niño habla de ellos es porque tienen un significado considerable para él y quiere entenderlos mejor. Como vimos en el capítulo en el que hablamos de la importancia de comunicar los dos hemisferios, es importante que ayudes a tu hijo a integrar las experiencias emocionales hablando sobre ello. Otra razón por la que es necesario reconocer al niño esos recuerdos es porque para su cerebro puede ser importante recordarlos. Imagínate que un niño le pegó en la escuela o le quitó un juguete y no quiso devolvérselo. Más allá de que puedan ser cosas de niños, su cerebro ha identificado que esa información es relevante y, por lo tanto, quiere recordar que ese niño en concreto le pegó. Desde luego, a mí me gustaría recordarlo. Recordar los errores y los peligros es un signo de inteligencia porque nos ayuda a prever y a resolver problemas en el futuro.

Recuerda

Un niño con buena memoria es un niño que disfruta cuando aprende y cuando recuerda, que resuelve problemas de una manera más eficaz y que es capaz de tomar mejores decisiones. Puedes ayudar a tu hijo a desarrollar una memoria más eficiente si conversas con él ordenadamente acerca del pasado. También puedes ayudarlo a rememorar detalles que él no recuerda y rescatar anécdotas y experiencias que han quedado muy alejadas para que las evoque por sí solo. No olvides repasar al final del día aquellas experiencias más significativas y aprovechar su tendencia natural a recordar mejor lo positivo, sin dejar de prestar atención a los recuerdos negativos sobre los que el niño necesita hablar.

21.
Lenguaje

«Si quieres que tu hijo sea inteligente, léele cuentos. Si quieres que sea más inteligente, léele más cuentos.»

ALBERT EINSTEIN

Si hay una habilidad que el cerebro del niño adquiere de manera similar a como una esponja absorbe el agua, es la capacidad de comprender y expresar ideas y conceptos a través de la palabra. De manera imperceptible, el niño pasa sus primeros meses de vida aprendiendo a discriminar los distintos sonidos de la voz, buscando entender dónde acaba una palabra y comienza la siguiente e identificando esos sonidos con distintos objetos, momentos, situaciones e, incluso, con sentimientos. Aunque su cerebro ha pasado casi un año asociando sonidos e ideas, a los ojos del adulto el niño comienza a entender como por arte de magia. Desde ese momento mágico en el que el niño es capaz de mirar a su madre cuando escucha la palabra «mamá», su cerebro comienza a comprender que, de alguna manera, él también es capaz de producir sonidos y, de hecho, cada vez que te observa decir una palabra su cerebro imagina cómo debe articular su boca con el fin de reproducir el mismo sonido. Poco a poco comienza a controlar la posición y la fuerza con la que aprieta sus labios para poder decir «papá» o «mamá». A partir de ese momento, el cerebro del niño es un estallido de sonidos, ruidos, palabras y significados. Para cuando tenga dieciséis años, el niño conocerá más de sesenta mil palabras, lo que quiere decir que habrá aprendido vocabulario a un ritmo de diez palabras por día, aunque en realidad sabemos que entre los dos y los cinco años adquiere vocabulario a un ritmo de cincuenta palabras por día. Es difícil para nosotros comprender cómo puede aprender tantas en tan poco tiempo, pero el cerebro del niño va incorporando cada palabra que escucha en todo tipo de conversaciones y contextos.

Desde hace miles de años, las distintas generaciones han transmitido sus conocimientos a través del lenguaje. Por muy inteligente que fuera un médico o un arquitecto, no podría realizar su trabajo si no hubiera recibido información de sus antepasados acerca de cómo operar o edificar. Los científicos están de acuerdo en que el lenguaje ha sido la clave que ha permitido al ser humano desarrollar todo su potencial. De una manera similar, el lenguaje tiene una enorme trascendencia en el desarrollo de la inteligencia de tu hijo. Gracias al lenguaje, tu hijo va a poder adquirir conocimientos y transmitirlos. Es la herramienta más importante de la que dispondrá a lo largo de su vida para aprender, relacionarse y conseguir lo que desea. Cuando escriba su carta a los Reyes Magos, realice un examen o cuando, quizás algún día, decida declarársele al amor de su vida, el lenguaje será la herramienta que va a permitirle alcanzar sus sueños. Esa versatilidad del lenguaje, que nos ayuda a adquirir conocimientos y a transmitir ideas, es la que lo convierte en una de las habilidades más importantes para el desarrollo de la inteligencia. De hecho, la riqueza de vocabulario es la variable que más influye en el cociente intelectual.

Aunque el lenguaje se adquiere, en cierto sentido, de una manera natural, lo cierto es que desde el punto de vista cerebral es una tarea tremendamente compleja. Al menos seis áreas del cerebro deben coordinarse cada vez que decimos una palabra o interpretamos un texto. Estas estructuras se localizan en el hemisferio izquierdo y realizan tareas tan diversas como analizar sonidos, discriminarlos, interpretar su significado, almacenar vocabulario, identificar palabras es-

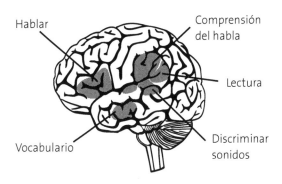

Hemisferio izquierdo

critas, buscar palabras en el almacén del vocabulario, construir frases con sentido o realizar movimientos de labios, lengua y cuerdas vocales que permiten crear las palabras.

La verdad es que, si bien es cierto que el cerebro del niño absorbe el vocabulario y las reglas del lenguaje de manera natural, esto no ocurriría sin la ayuda de los adultos. Sabemos que los padres tienen una gran influencia en el desarrollo de una función tan compleja como la del lenguaje. Sus conversaciones diarias contribuyen a enriquecer el vocabulario, a mejorar la comprensión y a organizar el discurso, pero otros aspectos, como su actitud hacia la lectura, pueden conseguir que el niño domine el lenguaje, una herramienta fundamental para desenvolverse en el mundo. A continuación voy a darte unas estrategias que pueden ayudar a tu hijo a desarrollar un lenguaje más rico.

Háblale mucho

Hablar con el niño es darle la oportunidad de aprender el lenguaje. Los expertos coinciden en que, desde la más tierna infancia, cuanto más se expone al niño a nuevas palabras, mayor es su vocabulario. Sin embargo, no todos los progenitores son igual de parlanchines. Betty Hart y Todd Risley, de la Universidad de Kansas, comprobaron que mientras que algunos padres pueden intercambiar con el niño unas trescientas palabras por hora, otros alcanzan las tres mil. Los datos son muy claros. Las mujeres conversan mucho antes y mucho más con el niño que los papás. Esto se debe a una diferenciación de roles que se da desde el origen de nuestros tiempos. Mientras los hombres salían a cazar en pequeños grupos que avanzaban con sigilo por el bosque para no espantar a los animales, las mujeres se congregaban en el poblado para cuidar a los niños y conversaban animadamente. No hace falta más que ir a un parque para comprobar que los tiempos no han cambiado mucho. En todos los que yo visito se cumple la misma regla. Por cada tres o cuatro madres que están vigilando a sus hijos, suele haber solamente un padre. Esto no es una observación, es un hecho. La mayor especialización de la mujer en tareas de comunicación ha equipado su cerebro, a lo largo de la evolución, con unos doscientos millones más de neuronas en las áreas cerebrales del lenguaje que el hombre. Esta es quizá la mayor diferencia que hay entre el cerebro del hombre y el de la mujer, y sin duda voy a invitarte a que, si eres hombre, observes cómo las mujeres de tu familia se comunican con el niño.

Desde el nacimiento puedes hablar con tu hijo, calmadamente, pero de una manera fluida. Los papás no solemos saber qué decirle a un bebé que no responde y, sin embargo, son muchas las cosas que puedes hacer. Puedes describir lo que vas viendo por la habitación, explicarle qué estás cocinando, lo que has hecho en el trabajo o simplemente explicarle lo que está pasando en el partido de fútbol. También puedes detenerte un minuto para decirle cómo te sientes ese día en particular; recuerda que enriquecer el vocabulario de sentimientos del niño lo ayudará a desarrollar su inteligencia emocional. Intenta hablar al niño de frente para que te mire mientras hablas, pues gran parte del desarrollo del habla ocurre gracias a la imitación de las posturas de los labios y la lengua. La próxima vez que hables con un niño menor de un año fíjate en sus ojos; miran principalmente tu boca, en un intento instintivo de aprender cómo haces esos sonidos tan divertidos que consiguen atraer la atención de otras personas.

Amplía su universo

Es importante no limitar la comunicación al entorno más cercano. Muchos papás y mamás pasan los primeros meses en una especie de burbuja en la que todo el universo del niño se limita a las cuatro paredes de su casa, el parque y el supermercado. El niño va a disfrutar de encontrar distintos entornos y personas que enriquezcan sus capacidades lingüísticas. Estar expuesto a objetos y a situaciones distintas de las que puede encontrar en la seguridad de su hogar va a expandir su vocabulario. Da igual que vayas a la ferretería, a comprar una alfombra o a resolver un asunto financiero a un banco, llévate a tu bebé contigo y permítele aprender en el mundo real. Asimismo, descifrar los sonidos de distintas personas, cada una con su acento y su forma de pronunciar, va a permitir que el niño afine su capacidad de incorporar los sonidos de su lengua –o incluso de otras lenguas–. Ampliar el círculo social del niño no solo mejorará su capacidad para comprender mensajes, sino que enriquecerá su vocabulario. Por ponerte el ejemplo más sencillo, puede que en tu casa cocinéis con vitrocerámica y en casa de tus padres tengan una cocina de gas. Esta pequeña discrepancia permitirá que si vais de visita a casa de tus padres, tu hijo esté expuesto a palabras como «gas», «cerilla» o «quemador». Si, además, viven en otro barrio al que tenéis que llegar en coche, tu hijo escuchará las palabras «aparcamiento», «parquímetro» o «tique». El contacto con otras personas es una fuente segura de enriquecimiento del lenguaje, pues cada persona con la que esté en contacto traerá otros mundos al universo del lenguaje de tu hijo.

Otra manera de ampliar su universo es a través de las canciones y de la lectura, pues son una manera eficaz de exponer al niño a nuevas palabras, que escuchará una y otra vez desde la más tierna infancia. Rescata canciones de tu infancia y cántalas con tu hijo, consigue discos de música infantil y escúchalos en casa o en el coche. Los niños se aprenderán las letras de memoria y estarán ampliando su vocabulario de una manera divertida.

Juega a las instrucciones

Este es un juego que hago de vez en cuando con mis hijos y que les gusta a los tres. Cada uno con su edad y su complejidad. Seguir instrucciones es algo más difícil de lo que puede parecer a primera vista. Para seguir una instrucción, el cerebro tiene que poner en marcha un complejo mecanismo que, en esencia, es el mismo que tú tienes que seguir cuando montas un mueble de Ikea. En primer lugar, tienes que entender distintas partes del mensaje. Para ello tienes que recuperar de tu memoria distintos significados. Si, por ejemplo, las instrucciones de montaje indican que debes ensamblar los cuatro tornillos *skungen* en la cara posterior del tablero superior de una estantería, tu cerebro tendrá que realizar un proceso complejo. En primer lugar, deberá identificar los tornillos *skungen* y diferenciarlos de los *fixa* o de los *kløve*. En segundo lugar, hay que contar hasta llegar a cuatro, separarlos del resto y no olvidar dónde los pusimos. A continuación debes recordar que es preciso encontrar el tablero superior e identificar la cara posterior, de acuerdo con las indicaciones del dibujo. Solo entonces podrás rescatar los tornillos *skungen* y ensamblarlos en la pieza de madera. Para un niño de un año, entender que debe poner su pañal en el cubo de la basura puede ser algo tan complejo como esto y, para el de cinco, comprender que para preparar la *pizza* debe poner primero el tomate, luego el queso y por último los ingredientes en trocitos pequeños puede ser tan complicado como para ti montar la librería Expedit de Ikea.

En consecuencia, dar instrucciones puede ser un juego complejo y estimulante para mejorar la comprensión y la capacidad de tu hijo de trabajar con las palabras. Te vas a sorprender de lo difícil que puede llegar a resultarles seguir instrucciones cuando ponéis la mesa juntos, cuando estáis preparando la mochila para ir al cole o, simplemente, cuando lo estás ayudando a ordenar sus juguetes. Una frase tan sencilla como «Guarda los cochecitos en la caja grande» va a requerir todo el esfuerzo de un niño de dos años, y otra algo más compleja como «Sirve la leche en la taza, pon dos cucharas en la mesa y busca dos servilletas en el segundo cajón» va a ser todo un desafío para un niño de cinco. Además de practicar con las tareas cotidianas, también puedes jugar con tus hijos dándoles instrucciones divertidas como «Da un salto, luego una palmada y termina con una voltereta, ¿estás preparado?». Tanto en los juegos como en la vida cotidiana puedes ajustar la longitud y la complejidad de las instrucciones a la capacidad de tu propio hijo, y repetirlas tantas veces como sea necesario para que el niño entienda lo que debe hacer. Si lo ayudas a prestar toda la atención cuando le estás dando instrucciones y también cuando notas que no ha descifrado o retenido todo el mensaje, verás cómo progresa rápidamente. Ayudar a tu hijo a seguir instrucciones va a permitir que mejore su capacidad de concentración, de trabajar mentalmente con el lenguaje y, además, es una manera fantástica de desarrollar en él la responsabilidad y la colaboración en las tareas domésticas.

Expande sus frases

El lenguaje no es solo vocabulario. La gramática permite combinar las palabras para construir significados y es una función algo más difícil de adquirir. Uno de los aspectos más interesantes de la gramática es que si se combinan las mismas palabras de diversas maneras podemos crear significados totalmente distintos. Por ejemplo, la frase «Valentina no quiere gusanitos porque está enfadada» tiene una interpretación distinta a la de «Valentina está enfadada porque no quiere gusanitos». En el primer caso, la tristeza es una causa y en el segundo una consecuencia. En el caso de que no quiera gusanitos porque está enfadada, su hermana mayor va a intentar consolar a Valentina dándole un abrazo, mientras que si Valentina está enfadada porque no quiere gusanitos, su hermana puede que le ofrezca intercambiar los gusanitos por su bolsa de patatas, porque ha entendido a la perfección que los gusanitos eran el problema.

Llegar a una conclusión como la que acaba de entender la hermana mayor de Valentina requiere del dominio de las reglas del lenguaje, aunque es asequible para un niño de unos cuatro o cinco años de edad. Sin embargo, hay una gran diferencia entre ser capaces de comprender las reglas del lenguaje y ser capaces de emplearlas para construir frases y párrafos que transmitan exactamente lo que el niño quiere decir. Cuando el niño alcanza los dos años de edad podemos ayudarlo a expandir sus expresiones añadiendo adjetivos o verbos. Por ejemplo, si nuestro hijo nos señala un perro que corretea detrás de unas palomas y dice: «Un perro», nosotros podemos hacer una réplica un poco más amplia en la que incluyamos un verbo, un adjetivo y un adverbio: «¡Sí! Es un perro muy juguetón». A medida que el niño crece, podemos ampliar sus frases de una manera más extensa si lo ayudamos a añadir contenidos o a conseguir que haga frases más complejas, como en los siguientes ejemplos:

Gabriela: He visto una ardilla.
Mamá: ¡¡¡Sí!!! Hemos visto una ardilla marrón que estaba subiendo al árbol a por piñas, ¿verdad?

Martín: El coche de papá se ha «rompido».
Papá: Sí, tienes razón, el coche de papá se ha roto y lo hemos llevado al taller.

Como ves, el papá no señala los errores del niño, sino que simplemente le devuelve el mismo mensaje, pero de la manera correcta. Los expertos en adquisición de lenguaje aseguran que, a menos que sea un error muy reiterativo, corregir las frases del niño sin señalar explícitamente que ha cometido un error es la mejor manera de ayudarlo a interiorizar y a utilizar la gramática adecuadamente, y evitar que se sienta inseguro en el uso del lenguaje.

Inculca en tus hijos el amor por la lectura

Un proverbio dice que si eres capaz de leer esta frase, debes agradecérselo a un profesor. Es cierto que se aprende a leer en la escuela, pero, sin lugar a dudas, el amor por la lectura es algo que se siembra y crece sobre las pantorrillas de los padres. Hay muchos cursos que prometen enseñar a leer con tres o cuatro años. No hay ningún estudio que indique que aprender a leer a edades tan tempranas beneficie al niño de alguna manera. Sin embargo, sí sabemos que los niños que disfrutan de la lectura, aquellos que crecen amando los libros, tienen un vocabulario más rico, comprenden mejor lo que leen, redactan mejor y cometen menos faltas de ortografía. A mi editor le gusta comentar otro dato que seguro que te interesará. Según los últimos datos recogidos en el informe PISA –un análisis internacional de rendimiento de estudiantes–, los niños que viven en casas donde hay doscientos libros o más obtienen un rendimiento escolar un 25 % mayor que aquellos que viven en casas con pocos libros –diez o menos–. No es de extrañar que en 2015 la ganadora del Global Teacher Prize (equivalente al Premio Nobel de maestros y profesores) haya sido otorgado a Nancie Atwell, una maestra cuyo principal mérito ha sido inculcar el amor por la lectura a sus alumnos y conseguir que lean una media de cuarenta libros al año, frente a los ocho que leen de media en otros institutos. Esto implica que cada semana sus alumnos leen un libro distinto. Unos días antes de que se le concediera el premio, esta maestra de Maine (Estados Unidos) desveló en una entrevista el secreto de su éxito: «No es otro que el de dejar que el niño elija cada semana el libro que más le apetece leer». Sencillo, ¿no es así?

El rato de lectura es un momento mágico para el padre y el niño. Sentados sobre las piernas del papá o de la mamá o tumbados en la cama, los niños a los que sus padres leen cuentos todos los días conocen más palabras, tienen la agilidad para reconocer palabras escritas y adquieren el hábito de la lectura diaria. Intenta hacer de este momento algo especial; deja que tus hijos elijan el cuento que quieren que les leas, ponle entusiasmo e interpreta a los personajes. Sé que el cansancio puede hacer que este rato requiera de un esfuerzo adicional y que, en muchas ocasiones, el sueño te puede vencer. Sin embargo, el esfuerzo merece la pena. Además, el ratito del cuento ofrece una oportunidad única para construir el vínculo y la memoria. Cuando estamos tumbados con nuestro hijo o lo sostenemos en brazos, el contacto de nuestros cuerpos o el propio beso de buenas noches van a ayudar a generar la oxitocina, que, por si no lo recuerdas, es la hormona del amor, la que nos hace sentirnos unidos a otra persona y seguros. La lectura de un cuento es también mi rato favorito para sumergirme en el mundo de los recuerdos, e intento ayudarlos a desarrollar un estilo de pensamiento positivo. Cada noche, antes de dormir, repasamos el día, añadimos detalles a sus recuerdos e intentamos fijarnos en dos o tres cosas buenas o divertidas que ha tenido el día.

Recuerda

El lenguaje es una función compleja y la principal herramienta para que tu hijo se desenvuelva con éxito en la escuela y en la vida. Háblale, amplía su vocabulario y sus frases, corrígelo sin señalar sus fallos y dedica todos los días un rato a la lectura. Lo ayudarás a dominar la herramienta del lenguaje y a que crezca en él o en ella el amor por la lectura, una vía segura para asomarse al mundo y desarrollar su inteligencia. En este capítulo me despido invitándote a buscar cuentos clásicos, cuentos singulares y cuentos divertidos, y a que disfrutes esta misma noche del ratito del cuento con tu hijo.

22.
Inteligencia visual

«Los estudios han demostrado que el 90 % de los errores en el pensamiento son originados por errores en la percepción.»

EDWARD DE BONO

La función espacial es la capacidad para percibir e interpretar las formas y el espacio que nos rodea. Es la habilidad que pones en marcha cuando tu hijo te pide que dibujes, por ejemplo, un dragón. Si estás recordando las clases de dibujo lineal y estás pensando en que este tipo de habilidad es la que utiliza un arquitecto o un ingeniero para realizar planos y diseñar objetos, estás en lo cierto. Muchos padres prestan poca o ninguna atención a esta forma de percibir y de pensar, pues consideran que es un componente de la inteligencia poco útil para la vida real, a menos que uno se dedique precisamente a eso, a ser arquitecto o ingeniero. Como vas a poder comprender a continuación, no podrían estar más equivocados.

La capacidad para percibir, interpretar y construir figuras en el espacio es una de las seis áreas clave que pueden contribuir al desarrollo intelectual de tu hijo. Aunque pueda parecer que solo los diseñadores y los arquitectos necesitan esta capacidad en su día a día, la realidad es que todos utilizamos nuestras habilidades espaciales con más frecuencia y en más ámbitos de los que creemos. Veamos algunos ejemplos. Por supuesto, todas las tareas que involucran a las artes plásticas o el dibujo lineal se apoyan en la capacidad que tenga tu hijo de imaginar relaciones espaciales, pero muchas otras habilidades dependen también de esta capacidad. Seguramente te gustaría que tu hijo consiguiera escribir con una letra clara y ordenada. También es más que probable que prefieras que a tu hijo no se le atraganten las matemáticas a lo largo de su vida escolar, ¿cierto? Resulta que tareas relativamente sencillas como, por ejemplo, saber orientar las letras al escribir, colocar los números a la hora de resolver un problema o realizar una simple suma con llevadas pueden ser una misión imposible si el niño no es capaz de dominar mentalmente el espacio.

Pero, más allá de su aplicabilidad concreta a una u otra área de estudio, pensar en forma de imágenes facilita que el niño sea capaz de desarrollar un tipo de pensamiento distinto al lógico, que todos conocemos. Cuando pensamos con palabras nuestra mente sigue un discurso lógico, que es al que lo obligan las leyes de la gramática. Sin embargo, cuando pensamos en imágenes lo hacemos de una manera más intuitiva. Es el tipo de inteligencia que nos permite calar a una persona nada más conocerla, saber cómo debemos resolver un problema sin llegar a entender cómo hemos llegado a esa conclusión o, también –y esto les encantará a los papás–, saber cuál es el lugar más adecuado para colocar un balón con el fin de que otro jugador pueda transformarlo en un gol. Otra razón por la que las habilidades espaciales son tan relevantes en el desarrollo intelectual del niño es que estas están muy ligadas a la inteligencia social o, lo que es lo mismo, a la capacidad de tu hijo para desenvolverse con éxito en las relaciones sociales. Cada vez que tu hijo se encuentre frente a otra persona, su cerebro interpretará de una manera inconsciente cada uno de sus gestos, muecas, caras y silencios para poder interpretar el grado de confianza que tiene en lo que está diciendo o si sus palabras esconden segundas intenciones. Todo esto es así porque el cerebro no ve la realidad tal como es, sino que tiene que interpretarla. Si tú ves a tu esposo de perfil, no vas a ser capaz de ver el lado que oculta tras su silueta, pero tu cerebro interpreta que el resto de él está ahí. De la misma manera, cuando vemos un coche difícilmente podemos verlo entero. Seguramente veremos el morro y uno de los laterales, pero, inmediatamente, el cerebro interpreta que se trata de un coche completo. Con la interpretación de las caras el cerebro tiene que hacer un esfuerzo adicional. El cerebro puede fijar su atención en distintos rasgos de la cara, como la forma que tienen la boca y los ojos y, a partir de estos datos, interpretar qué emoción o qué intenciones tiene la persona. En este sentido, la parte derecha del cerebro se encarga de juntar todas las partes in-

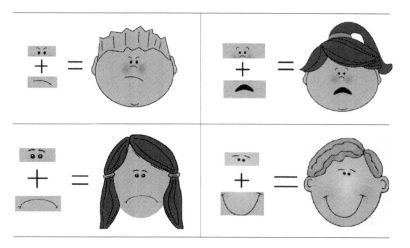

dependientes y de darles un sentido, como cuando tu hijo construye una casita con piezas de Lego. Así, el niño puede diferenciar a su papá de su tío, porque uno lleva barba y el otro no, o distinguir cuándo su mamá está enfadada, de broma o en serio, porque en el primer caso sus labios están menos apretados que en el segundo. En la ilustración superior puedes ver el proceso de interpretación que el cerebro del niño tiene que hacer cuando interpreta la expresión facial de otro.

Distintos estudios con niños de preescolar han demostrado que diversas técnicas y estrategias pueden ayudar al niño a desarrollar la habilidad de entender y dominar las relaciones espaciales entre objetos, de tal manera que pueda interpretar mejor las caras o desarrollar, entre otras cosas, una escritura más clara y ordenada. A continuación te detallo mis favoritas.

Juega a construir

Los juegos de construcciones son la principal herramienta de los padres que quieren ayudar a sus hijos a mejorar su capacidad de percibir y construir figuras en el espacio. Los puzles, Legos o el clásico juego de bloques de construcción harán la delicia de cualquier niño. Sin embargo, hay muchos otros juegos y estrategias divertidas que lo ayudarán a comprender y a razonar mejor con las formas y los espacios.

Familiariza al niño con el lenguaje visual

Teniendo en cuenta la enorme plasticidad del cerebro en lo que al lenguaje se refiere, puedes ayudar a tu hijo a comprender mejor el espacio si utilizas en el día a día palabras que hagan referencia a la forma en que distintos objetos irrumpen en el espacio que os rodea. Puedes utilizar adjetivos que describan el tamaño (grande, pequeño, alto, bajo, gordo, flaco, grueso, fino, diminuto), la forma (curvo, recto, puntiagudo, romo, circular, rectangular, ovalado) o su estado (lleno, vacío, torcido). También puedes señalar la relación que toman los objetos en el espacio utilizando las preposiciones. Así, en vez de decir: «Voy a poner el juguete aquí», puedes probar con algo un poco más espacial como: «Voy a poner el juguete sobre la mesa», o en vez de decir: «La muñeca está guardada», puedes decir: «La muñeca está guardada dentro del armario que está junto a los abrigos».

Diferencia entre derecha e izquierda

Nuestro cerebro siempre toma como referencia para orientarse nuestro propio cuerpo. Si te digo que pienses en el punto cardinal «norte», lo más probable es que pienses en mirar al frente o encima de tu cabeza. Si realmente sabes dónde está el norte, posiblemente te hayas girado para poder orientarte, haciendo que el punto cardinal se sitúe frente a ti. Un primer paso para favorecer la orientación con respecto al propio cuerpo es enseñar al niño a diferenciar con facilidad entre la derecha y la izquierda. En lugar de torcer la esquina y decir: «Vamos por aquí», podemos decir: «Vamos por la calle de la derecha». Podemos indicarle también que la cuchara está a su derecha, pedirle que levante la mano izquierda o ayudarlo a pensar hacia qué lado mira la letra be.

Trae el pensamiento espacial a su mente

Ayudar a tu hijo a razonar sobre el espacio es una gran idea para que entienda las relaciones entre los objetos. Solo hace falta vestir a tu hijo y llevarlo contigo a hacer la compra para preguntarle cosas como: «¿Por qué lado se ponen los pantalones?», «¿Qué está más lejos, el supermercado o la escuela?», «¿Tú crees que esa sandía cabe en esta bolsa?», «¿Qué ocupa más espacio, ese plátano o esas cuatro manzanas?».

Juega a hacer mapas

A muchas personas les parecerá una locura jugar a hacer e interpretar mapas con un niño de tres o cuatro años de edad. Sin embargo, ellos lo encuentran fascinante y divertido. Lógicamente, no puedes empezar con el mapa del metro de una gran ciudad. Lo más conveniente y entretenido para los niños es comenzar por dibujar el plano de la habitación donde estáis. Puedes comenzar por dibujar la planta —la forma de la habitación— y luego dibujar el sofá o la silla donde estáis sentados. A partir de ahí el niño podrá decirte qué parte del dibujo es la puerta y cuál es la ventana, la estantería o el televisor. De esta manera tan sencilla los niños aprenden a interpretar un plano a la perfección. Otro día podéis hacer lo mismo, pero en una estancia diferente, como la cocina o su dormitorio, y poco a poco podéis seguir avanzando hasta dibujar el plano de toda vuestra vivienda y del recorrido que hacéis para llegar a la escuela. Si tomáis el transporte público, mirar el recorrido en un plano puede ser una gran forma para que el niño entienda que lo que dice el dibujo es lo que ve cada día con sus ojos. También podéis jugar con el mapa del mundo. Podéis hablar de los distintos países y de qué personajes se encuentran en ellos. Peter Pan en Londres, Ratatouille en París, Aladdín en Arabia y Pocahontas en Estados Unidos. Hay una infinidad de personajes, animales, árboles o escenarios naturales que tu hijo va a relacionar rápidamente con cada lugar del mundo.

Aplicaciones y videojuegos

Seguramente habrás leído en algún artículo del periódico que los videojuegos son fantásticos para desarrollar las habilidades visuoperceptivas del niño. En estas aplicaciones podrás encontrar todo tipo de puzles y rompecabezas para que tu hijo se exprima las neuronas jugando. La verdad es que no recuerdo ningún artículo científico que relacione el hecho de jugar a través de estas aplicaciones con una mayor destreza visuoperceptiva. Hay tres artículos que relacionan jugar a videojuegos con una mayor velocidad para detectar y procesar información visual, pero son estudios realizados con niños mayores. No hay ninguna evidencia a favor de su uso en niños pequeños y, sin embargo, sí que hay evidencia en contra. Sin embargo, los videojuegos siempre son una tentación tanto para los niños como para los padres. El reto es elegir uno que sea adecuado para un niño menor de seis años. Te recuerdo que en el Capítulo 25 tienes una relación completa de todos los videojuegos y las aplicaciones para teléfonos inteligentes y tabletas que, en mi opinión, pueden ser beneficiosos para un niño de entre cero y seis años de edad. Por favor, no dejes de consultarla tantas veces como sea necesario.

Juega a hacer caras

A los niños les encanta hacer caras, sobre todo si es una excusa para poner caras divertidas y reír. Está demostrado que descifrar e interpretar expresiones emocionales ayuda a desarrollar la inteligencia social. Puedes jugar con ellos a poner caras mientras cenáis o cuando se lavan los dientes. Cuando el niño tiene tan solo dos años, podéis comenzar a poner cara de contento, triste, enfadado o sorprendido y, poco a poco, aumentar el repertorio con emociones más complejas, como la indecisión, el aburrimiento o el nerviosismo. Las que no pueden faltar a ninguna edad son las dos caras favoritas de todos los niños: ¡la de monstruo y la de loco!

Recuerda

La percepción es la puerta a través de la cual interpretamos el mundo. Los beneficios de una buena capacidad de razonamiento visual o espacial van a ayudar a tu hijo a dibujar y a escribir mejor, a dominar las matemáticas, a ser capaces de interpretar las expresiones de los demás y a desarrollar un estilo de pensamiento más intuitivo. Juega con tu hijo a comprender y a dominar las relaciones espaciales y lo conseguiréis.

23.
Autocontrol

«Si eres capaz de conquistarte a ti mismo, conquistarás el mundo.»

PAULO COELHO

En la década de 1960 Walter Mischel, un psicólogo de la Universidad de Stanford, ideó un experimento maquiavélico para comprobar la capacidad de autocontrol de niños de entre cuatro y seis años de edad. El experimento era bien sencillo: a cada niño lo sentaron en una silla frente a una mesa en la que había un plato con un malvavisco —una golosina esponjosa, también llamada «nube» o «jamón»—. El investigador dio al pequeño unas instrucciones muy sencillas: «Puedes comerte el malvavisco si quieres, pero si esperas quince minutos y no te lo comes, yo te daré otro más. Podrás comerte entonces dos malvaviscos en lugar de uno». En el mismo instante en que el investigador abandonó la sala, comenzó a ser patente que la tarea era más difícil para los niños de lo que podía parecer a simple vista. Los signos de nerviosismo no se hicieron esperar. El que no se rascaba la cabeza, movía las piernas de arriba abajo. Había quienes se balanceaban de izquierda a derecha y los que lo hacían hacia delante, como una mecedora. Algunos lanzaban miradas furtivas al malvavisco y otros lo observaban fijamente. Casi todos ellos tocaron la golosina varias veces con su mano izquierda –aquella que controla el hemisferio más impulsivo y emocional–, mientras se tapaban los ojos con la mano derecha, controlada por el hemisferio racional. Aproximadamente un tercio de ellos superaron el reto gracias a un esfuerzo titánico de autocontrol. El resto del grupo, aunque lo intentó con todas sus fuerzas, no fue capaz de resistir la tentación durante los quince minutos requeridos para obtener el segundo malvavisco.

Este experimento pone de manifiesto lo tremendamente difícil que es para el cerebro ejercer autocontrol. Para lograrlo, el lóbulo frontal debe asumir el control absoluto, dominar la parte emocional e instintiva del cerebro y combatir la frustración y el hambre. Para poder ejercer ese control, el lóbulo frontal necesita consumir grandes cantidades de glucosa. Cuanto más tiempo se esfuerza el lóbulo frontal en evitar la golosina, más y más azúcar demanda, lo que hace a la golosina más y más apetecible, y convierte el juego en una lucha de fuerzas extenuante. Si alguna vez has hecho una dieta o has dejado de fumar, sabrás de lo que estoy hablándote. La realidad es que, sea cual sea la tarea, ejercer autocontrol es realmente difícil para el cerebro; una habilidad de alto nivel que requiere entrenamiento a lo largo de toda la vida.

Lo más interesante de esta investigación, no obstante, es lo que sucedió varios años después del experimento. Los investigadores llamaron a los papás de los niños unos quince años después –quienes ya tenían entre diecinueve y veintiún años–, y recogieron información diversa acerca de su vida académica y social. Para sorpresa de los investigadores, la cantidad de minutos que el niño había aguantado sin comerse el malvavisco estaba altamente relacionada con las puntuaciones de selectividad y la nota media escolar. Los niños que mostraron más autocontrol en preescolar obtuvieron mejores resultados académicos a lo largo de todo el periodo escolar. Al alcanzar la mayoría de edad, los padres de estos niños los describían como responsables y de fácil trato, mucho más que aquellos que no pudieron esperar. Distintos estudios han replicado esta investigación y todos llegan a la misma conclusión: cuanto mayor es la capacidad de autocontrol del niño, mayores serán sus logros académicos y su integración social.

Inteligencia ejecutiva

El autocontrol es una de las capacidades intelectuales que se engloba dentro de lo que conocemos como «inteligencia ejecutiva». La inteligencia ejecutiva es el conjunto de habilidades que permiten a la persona decidir metas, realizar planes para conseguirlas, llevar a cabo esos planes y valorar los resultados. En cierto sentido, la inteligencia ejecutiva ejerce las funciones de un director de orquesta que da paso a los distintos instrumentos de los que dispone el cerebro y lleva el control sobre quiénes deben sonar en cada momento. La parte frontal del cerebro, aquella que interioriza las normas, ejerce también esa capacidad de autocontrol, lo que hace que los problemas se resuelvan de acuerdo con las normas establecidas y permite que el cerebro racional tome el control del emocional cuando es necesario. Estas funciones, las más complejas de las que ejerce el cerebro humano, se forjan principalmente durante la adolescencia y la vida adulta, aunque desde muy pequeños comenzamos a sentar las bases de su desarrollo cultivando el autocontrol, ejerciendo responsabilidades, aprendiendo de nuestras propias decisiones y llevando la batuta de nuestras acciones.

De esta manera, así como ocurrió con el experimento que acabamos de ver, el niño que comienza a desarrollar su inteligencia ejecutiva es capaz de controlarse y de no gastar el dinero que le dio su mamá en la primera tienda que ve, con el fin de alcanzar otra tienda en la que tienen los cromos que más le gustan. Como has podido comprobar, una vez más, la capacidad de tolerar la frustración y de conectar el cerebro emocional con el racional permite al niño satisfacer sus necesidades con más éxito. Una mayor capacidad de autocontrol es clave también en la prevención de trastornos del comportamiento y en la prevención y el tratamiento del temido trastorno por déficit de atención. Al fin y al cabo, en ambos casos la raíz del problema se encuentra en una pobre capacidad de control, que no permite dominar la rabia, la frustración o la propia concentración. Pero ¿cómo podemos ayudar al niño a ganar autocontrol? Una opción sería comprar una bolsa de malvaviscos y practicar quince minutos cada día. Sin embargo, me temo que resultaría demasiado azucarado y poco efectivo. A continuación te propongo varias estrategias que os ayudarán a cultivar el autocontrol en el día a día.

Superar la frustración

Lo primero que puedes hacer desde que el niño es realmente pequeño es ayudarlo, poco a poco, a dominar la frustración. Para conseguirlo no hay otro remedio que exponer al niño a cierto nivel de frustración. Intenta calmar sus necesidades pronto, pero no con urgencia. Confía en tu bebé. Él puede soportar un poquito de incomodidad. Cuando necesite un cambio de pañal, tomar el pecho o acostarse porque está cansado, acude a satisfacer sus necesidades, pero evita angustiarte. De esta manera solo le estarás enseñando que experimentar incomodidad es angustioso. Cuando esté nervioso, ayúdalo a calmarse, para que él aprenda a hacerlo algún día sin tu ayuda. Tómalo en brazos para que se sienta protegido. Estate muy tranquilo y háblale o cántale en un tono calmado. Dile con tranquilidad o confianza que ya va a llegar lo que espera, ayúdalo a concentrarse en otra cosa que desvíe la atención de la incomodidad. Intenta estar a su lado sin sentir angustia o culpa, sino confianza y empatía.

A medida que crece, asegúrate de fijar límites que el niño tenga que respetar. Las reglas en la casa, las normas en la mesa y los horarios para ver la tele van a ayudar a su cerebro a entender que no puede tenerlo todo siempre, y van a servir como entrenamiento para que aprenda a calmarse cuando esté frustrado. Recuerda que a la hora de poner límites es muy importante que te muestres tranquilo y cálido. También es importante que entiendas que no es bueno que impongas más normas de las que el cerebro del niño puede gestionar. Ofrécele tiempo libre de normas –o con pocas normas–, así como actividades físicas que lo ayuden a canalizar toda su energía y frustración en situaciones adecuadas.

Llevar la batuta del presente

Para un niño, realizar tareas relativamente sencillas como vestirse o guardar sus juguetes puede ser muy complicado. Estas y otras muchas tareas están compuestas de pasos pequeños que el niño tiene que realizar encadenadamente, y eso puede ser complicado para él. Para ayudar al niño a llevar la batuta del presente podemos ofrecerle algunos apoyos, como ir dándole instrucciones, paso a paso, pedirle que diga en voz alta lo que va a hacer o ponérselo más fácil al dividir una tarea más compleja en pasos más pequeños. De esta manera, si piensa en secuencias lógicas, podrá sentir que controla la situación, en lugar de verse abrumado. Veamos un ejemplo. Mañana es el cumpleaños de la madre de Álvaro y está decidido a preparar un delicioso bizcocho. Sabe que tiene que prepararlo con yogur, azúcar y huevo, y también que necesita un gran recipiente para mezclarlo todo. Sin embargo, no sabe por dónde empezar. Afortunadamente, su padre está ahí para dividir la tarea en pasos más pequeños y así hacer fácil lo difícil.

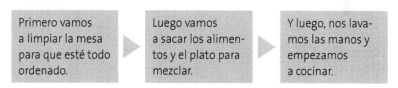

Primero vamos a limpiar la mesa para que esté todo ordenado.

Luego vamos a sacar los alimentos y el plato para mezclar.

Y luego, nos lavamos las manos y empezamos a cocinar.

Con esta sencilla explicación, Álvaro sabe por dónde empezar y puede llevar la batuta de su entregada labor de cocinero. Si enseñamos a nuestros hijos a realizar tareas de una manera organizada, los ayudamos a sentirse menos perdidos, a ganar autocontrol, pero también a aumentar sus capacidades de resolver problemas complejos, pues sabemos que las personas con mayor habilidad para enfrentarse a tareas complejas se caracterizan por su buena organización y su aptitud para dividir tareas difíciles en pasos. Puedes comprobar la eficacia de esta estrategia invitando a tu hijo a resolver un puzle en tres sencillos pasos.

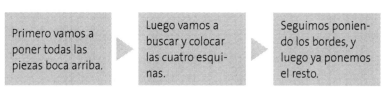

Primero vamos a poner todas las piezas boca arriba.

Luego vamos a buscar y colocar las cuatro esquinas.

Seguimos poniendo los bordes, y luego ya ponemos el resto.

La estrategia funciona siempre igual, independientemente de que vayamos a hacer una tarta, un puzle o a preparar las invitaciones de cumpleaños. Tener el terreno despejado para trabajar (preparar), decidir cuál es la parte por la que queremos empezar (priorizar) y decidir cómo vamos a seguir (planificar) van a permitir que el niño comience a adquirir el control que necesita para materializar sus propósitos en resultados que lo llenen de satisfacción.

Controlar el futuro

Una de las habilidades más determinantes en la evolución humana ha sido nuestra capacidad de conocer el futuro. Nuestros antepasados aprendieron a leer las huellas para poder imaginar así dónde estarían los animales que cazaban. Hoy en día, anticipamos el clima, los cambios de ciclo político o el devenir de las enfermedades con el único fin de controlar nuestro destino. En menor escala, las personas que son capaces de prever las dificultades, ahorrar o trabajar hoy para recibir una recompensa mañana también experimentan grandes beneficios, igual a como los niños consiguieron dos malvaviscos en lugar de uno. Enseñarles a pensar en el futuro puede formar parte del día a día de todos los niños. En muchas ocasiones, solo hace falta poner palabras a lo que hacemos y conversar con el niño sobre el mañana. Por ejemplo, la mamá de Julia puede decirle por la mañana: «Vamos a dejar el chupete sobre la almohada para tenerlo a la hora de ir a dormir», y por la noche: «Vamos a hacer pis antes de dormir para no hacérnoslo en la cama». El papá de Mario, por su parte, puede ayudar a su hijo a preparar la mochila de la escuela si guarda los lápices de colores y la merienda que va a necesitar a lo largo del día. También podemos ayudar al niño a anticipar las consecuencias de sus acciones, haciéndole ver lo que puede pasar si actúa de una u otra forma.

Descontrol

Una parte importante y hermosa del autocontrol consiste en saber cuándo es bueno ejercerlo y cuándo no. Estarás de acuerdo conmigo en que el autocontrol puede ser un auténtico obstáculo en una noche de pasión con tu pareja o a la hora de celebrar una subida de sueldo. El lóbulo frontal es el órgano encargado de ejercer no solo el autocontrol, sino de decidir cuándo debe ser aplicado. De poco serviría enseñar a un niño disciplina si no sabe descamisarse jugando a la pelota o disfrutar sin ataduras en su fiesta de cumpleaños. En este sentido, quiero pedirte que recuerdes el «principio del equilibrio»: aunque el autocontrol es posiblemente la habilidad cognitiva que mejor predice el éxito académico y social, una de sus mayores virtudes estriba precisamente en saber cuándo aplicarlo y cuándo no.

Puedes ayudar a tu hijo a entenderlo si refuerzas su autocontrol en situaciones en las que consideres adecuado tenerlo. Lógicamente, su comportamiento no puede ser el mismo cuando estáis en un pícnic en el campo que cuando vais a cenar a un restaurante. Exponer al niño a distintas personas, contextos y situaciones e ir explicándole en cada momentos cuáles son las normas que imperan, puede ayudarlo a entender los distintos grados de autocontrol que debe mostrar en cada momento. También puedes ayudarlo a saber perder el control al darle rienda suelta cuando pueda tenerla. Dar rienda suelta no quiere decir explicar al niño lo que puede hacer y lo que no, sino simplemente dejarlo hacer a sus anchas sin que sienta tu presencia o aprobación. Cuando lo notes cohibido, puedes animarlo a hacer el «tonto» o el «bruto», a coger tantos caramelos como quiera o a enfadarse libremente; pero, sobre todo, debes ayudar a sus neuronas espejo, aquellas capaces de reflejar tus conductas en su cerebro, desmelenándote y disfrutando a tope cuando creas que la situación lo propicia. Cuando alguno de mis hijos me escucha decir: «¡¡A lo loco!!», inmediatamente entran en «modo diversión» porque saben que su padre va a romper alguna norma para disfrutar sin control.

Recuerda

El autocontrol es la capacidad de saber dominar la frustración, de postergar la satisfacción y de aprender a ordenar nuestras acciones para conseguir metas. Ayudar a tu hijo a tolerar la frustración, a cultivar su paciencia, a planificar ordenadamente cómo va a resolver un problema o a pensar en el futuro puede contribuir en el dominio del autocontrol. Para ello, una estrategia efectiva es establecer límites claros y generar momentos en los que el niño pueda disfrutar libre de normas.

24.
Creatividad

«Todo niño nace siendo un artista. Lo difícil es seguir siendo un artista al hacerte mayor.»

PABLO PICASSO

Los neurocientíficos creemos con pasión que el verdadero tesoro de la mente humana es su capacidad para adaptarse y solucionar problemas nuevos. Ambas habilidades dependen en gran medida de la creatividad. Podríamos decir que la imaginación y la inventiva son patrimonio de los niños y, sin embargo, su capacidad creativa es como la supervivencia de los osos panda o los gorilas de montaña. Cada año que pasa sin que las protejamos, estas especies estarán más cerca de la extinción. No es una especulación o una impresión sentimentalista. Numerosos estudios ponen de manifiesto que la creatividad, a diferencia de otras funciones cognitivas, tiene su punto álgido en la infancia y se va perdiendo a medida que el niño crece. Precisamente por esto, en este capítulo no voy a explicarte cómo potenciar la capacidad creativa del niño, sino que voy a intentar explicarte cómo puedes ayudarlo a preservarla para que la disfrute a lo largo de su vida.

Recientemente, los neuropsicólogos nos hemos interesado en estudiar el fenómeno del «pensamiento divergente». Estas dos palabras tan raras definen la capacidad de ver alternativas. En un test clásico de pensamiento divergente se da a una persona un ladrillo y se le dice que piense en todas las cosas para las que podría servir. Un adulto suele ser capaz de dar de promedio quince utilidades antes de quedarse sin ideas. Las personas altamente creativas, por ejemplo, Julio Verne, Coco Chanel o Steven Spielberg, son capaces de decir unas doscientas. El pensamiento divergente no es sinónimo de creatividad, pero sí es una capacidad intelectual muy importante a la hora de ser creativos. A su vez, la creatividad es mucho más importante en nuestras vidas de lo que tendemos a pensar. Cualquier persona –en su vida, en su trabajo, en sus relaciones sociales o afectivas– necesita una buena capacidad creativa. De hecho, la creatividad está en la base misma de la inteligencia tal como la definimos hoy: «La capacidad de resolver problemas novedosos». En este sentido, una persona puede ser muy eficiente y desempeñar sus funciones con diligencia, pero poco creativa o inteligente a la hora de resolver cuestiones novedosas. Hoy en día muchos padres, maestros y empresas incentivan el primer modelo de pensamiento sobre el segundo. Sin embargo, muy posiblemente este modelo educativo resta oportunidades a nuestros hijos. Como decía Einstein: «La lógica puede llevarte desde el punto A hasta el punto B, pero la imaginación puede llevarte a cualquier lado».

Sir Ken Robinson, posiblemente uno de los defensores más entusiastas de los nuevos sistemas de educación, tiene una teoría sobre por qué pasa esto. Los sistemas educativos actuales fueron ideados durante la época de la Revolución Industrial y, por tanto, diseñados para educar a nuestros niños de una manera similar a la que se ensamblan los coches en una fábrica. Distintos maestros aprietan distintos resortes con un objetivo principal en mente: que el niño aumente su rendimiento o eficiencia a la hora de resolver tareas. En este modelo, el principal foco de atención se pone en conseguir adultos más productivos y ajustados a las normas, pero no necesariamente más creativos o adaptables a la hora de enfrentarse a la vida. Buena prueba de ello es un estudio que debería dar a todos los padres algo en qué pensar. En este se realizó una batería de pruebas a una serie de adultos y niños para valorar su capacidad de pensamiento divergente y de dar soluciones creativas a nuevos y viejos problemas y situaciones. Se les mostraron objetos, como una rueda o un clip, y se les pidió que indicaran tantos usos como se les ocurrieran para esos objetos. También se les pidió que dieran tantas ideas como fuera posible con el fin de solucionar problemas sociales y materiales. Como era de esperar, los adultos dieron las respuestas más apropiadas, pero sus puntuaciones fueron menores en cantidad y originalidad que las de los niños. Lo que es realmente sorprendente es que la puntuación final de los niños de preescolar fue casi cincuenta veces superior

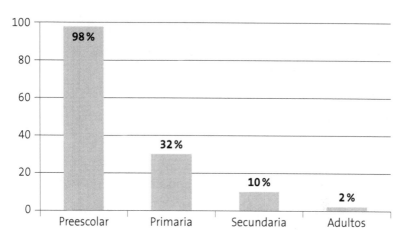

Fuente: Land, George, y Jarman, Beth, *Breakpoint and beyond.*

que la de los adultos. Es una barbaridad. Ningún adulto puede correr cincuenta veces más rápido que un niño de cinco años. Tampoco los adultos pueden aprender cincuenta veces más palabras en una hora, decir cincuenta veces más animales en un minuto o tener un vocabulario cincuenta veces más rico que un niño de esa edad. Con suerte, quizá, podemos hacerlo en una relación del doble o del triple, pero los niños sí son cincuenta veces más imaginativos que los adultos.

Pasar de una puntuación de un 98 % a una de un 2 % requiere de un gran mérito por parte de padres y educadores. ¿Cómo se puede conseguir que una capacidad innata se desvanezca? La respuesta es que más que un desvanecimiento se trata de un enterramiento. Soy de la opinión —y así lo hago saber en las conferencias sobre creatividad que imparto— de que todos somos tremendamente creativos. No hace falta más que echarse a dormir para despertar nuestra más desbordante imaginación. La diferencia entre el cerebro dormido y el cerebro despierto es que en gran medida los límites, las regulaciones y el miedo a la censura se disipan. El cerebro de los niños es más creativo que el de los adultos porque todavía no ha incorporado ese gran filtro de censura que son las normas y las conveniencias sociales. Un niño puede dibujar un dragón en el polo norte, volver a un gato astronauta o a su hermano puercoespín sin pasar por las tijeras de la prohibición. Su imaginación vuela libre de complejos y cargas. Sin embargo, a medida que nos hacemos adultos nuestro lóbulo frontal incorpora toda una serie de normas, regulaciones, reglas, esquemas, ideales, arquetipos, prototipos y modelos que apagan o entierran esa espontaneidad creativa con la que tanto disfrutamos cuando nuestros hijos son pequeños.

De todos modos, el desarrollo cerebral del niño no es el único responsable de esta merma creativa. Los padres, los educadores, las escuelas, los colegios y los sistemas de «educación» también tienen buena parte de responsabilidad. Cada niño tiene que soportar a lo largo de su infancia una retahíla infinita de correcciones, optimizaciones, críticas, desaprobaciones, reprobaciones, reproches, murmullos y condenas que hacen que ser creativos resulte demasiado inconveniente y doloroso. Cuando le decimos a un niño: «Lo has hecho muy bien», este afianza la idea de que lo positivo es actuar según lo adecuado, sin salirse de lo esperado. Cuando le decimos a un niño que dice algo fuera del guion: «¡Qué divertido!» o «¡Muy buena idea!», reforzamos su imaginación.

Un interesante estudio preguntó a una serie de maestros cuán importante era para ellos que sus alumnos fueran creativos. Todos afirmaron que era muy importante. Sin embargo, cuando se pidió a estos maestros que ordenaran las distintas cualidades de sus alumnos –obediencia, inteligencia, disciplina, orden, atención, compañerismo, etcétera– en orden de importancia, todos ellos relegaron la creatividad a las últimas posiciones. Posiblemente en casa los padres también prioricemos otras habilidades por encima de la creatividad. Desde mi punto de vista, creo que debemos hacer un esfuerzo en los hogares y en la escuela por relajar las normas, cambiar las expectativas con respecto a nuestros hijos y dar un espacio para que la creatividad se exprese en la vida cotidiana. Esta mañana mi hijo de cinco años desmontó el inhalador que acababa de recetarle el médico por un problema bronquial. Cuando llegué a la cocina, con el tiempo justo para llevarlo al cole antes de ir al trabajo, me encontré con la sorpresa de que las seis piezas del inhalador estaban sobre la mesa. Inmediatamente, me vino una pregunta a la cabeza: «¿Por qué montas estos líos?». Es, seguramente, lo que mis padres me habrían dicho a mí. Sin embargo, quizá por estar inmerso en este capítulo, recapacité a tiempo y le dije: «¿Estás investigando?». Muy contento, me dijo: «Sí». Yo le dije: «Saber cómo funcionan las cosas y querer desmontarlas es un signo de inteligencia. Eso sí, vamos a dejarlo aquí porque tenemos prisa. Esta tarde lo montamos juntos». En vez de salir de casa frustrados y enfadados por el experimento con el inhalador, lo hicimos con una sonrisa de oreja a oreja. Y llegamos a tiempo.

Comentarios que «matan» la creatividad. Evita decir...	Comentarios que preservan la creatividad. Prueba con...
«Así no se hace.»	«Qué divertido.»
«Eso no está bien.»	«Muy buena idea.»
«Te has equivocado.»	«¿Me enseñas?»
«Vuelve a hacerlo bien.»	«Está superchulo.»
«Yo voy a enseñarte.»	«Me ha encantado.»
«Lo has hecho al revés.»	«Me gusta mucho cómo lo has hecho.»
«Está mal.»	«¿Se te ha ocurrido a ti solo? ¡Qué bien has pensado!»

Como puedes ver, hay comentarios que matan la creatividad y otros que la conservan. De la misma manera, también hay actitudes y estrategias que ayudan al niño a conservar su potencial creativo. A continuación puedes leer las que los expertos consideran más importantes.

Dale herramientas para expresar su creatividad

Toda persona creativa se rodea de herramientas que la ayudan a expresarse, bien sea una cámara de cine, unos pinceles o una máquina de escribir. El niño necesita también herramientas que le permitan expresarse. Ofrécele un lugar para crear donde tenga hojas de papel y lápices de colores, plastilina, Legos o construcciones. También puedes hacer accesible a tus hijos el cajón de los disfraces. Nunca se sabe cuándo van a querer disfrazarse e inventar historias y personajes. El caso es que el niño tenga a su disposición herramientas para poder expresar su lado creativo.

Ofrécele libertad

En la elección de los juegos, en la elección de los temas sobre los que el niño quiera leer, dibujar o escribir, la libertad debe ser una prioridad. Estoy seguro de que tú tienes tus opiniones bien formadas respecto a por qué es más interesante que tu hijo dibuje un caballo en lugar de un ogro, sin embargo, sabemos que la verdadera forma de que tu hijo pueda surfear por su propia inspiración es que dibuje y juegue a lo que realmente quiere. Hace unos capítulos hablamos de Nancie Atwell, la ganadora del Global Teacher Prize que ha conseguido que sus alumnos lean cuarenta libros al año, y que deja que elijan cada vez el que más les gusta. Resulta que Atwell también consigue que sus alumnos escriban más y mejor que en otros colegios; el secreto de su éxito vuelve a residir en su sabiduría para dejar que el niño escriba cada vez sobre el tema que él o ella elijan. Como puedes ver, ofrecer libertad para que el niño potencie su deseo de aprender y de expresarse es, en gran parte, una cuestión de confianza.

Posiblemente esa es la principal ventaja de los modelos educativos que ofrecen un mayor grado de libertad al niño o enganchan con su ilusión, como, por ejemplo, el aprendizaje por proyectos. En este tipo de modelo hay un temario, como en todos los programas educativos, pero el niño disfruta de una mayor libertad para buscar sus propias fuentes, recabar información y crear su propio «libro de texto» con toda la información que entre él y el resto de los compañeros hayan podido encontrar. Además, cada niño puede encargarse de distintas partes del proyecto en función de sus intereses, en lugar de seguir un programa uniforme de aprendizaje. Sin lugar a dudas, introducir la creatividad y un currículo más centrado en los intereses del niño en el calendario académico es una gran ventaja para el aprendizaje, de acuerdo con lo que a día de hoy sabemos sobre el cerebro y sobre cómo aprende y se desarrolla.

Dale tiempo para aburrirse

El aburrimiento es la madre de la creatividad. Todos los grandes genios creativos comenzaron a pensar en un momento de aburrimiento. Cuando el niño no tiene qué hacer y no tiene el tiempo ocupado, su cerebro comienza a aburrirse y busca, a través de la imaginación, nuevas maneras de entretenerse. Si no hay aburrimiento, si el niño está enchufado a la tele o tiene todo su tiempo ocupado con clases extraescolares, su creatividad quedará ahogada por la falta de oportunidades de expresarse. El niño que lo tiene todo y que no tiene tiempo para aburrirse difícilmente crecerá siendo una persona creativa.

Demuestra una actitud creativa

Recuerda que tú eres un modelo para tus hijos. Utiliza la creatividad en el día a día. No cocines siempre lo mismo, atrévete a innovar y crear en la cocina. Sé creativo cuando los ayudes a hacer tareas del cole y utiliza toda tu imaginación cuando juguéis juntos. Puedes inventar tus propias historias y cuentos en lugar de leer siempre cuentos escritos por otros. Puedes pedirles que ofrezcan soluciones creativas cuando tengáis que resolver un problema doméstico, como, por ejemplo, que se haya acabado la leche o qué podéis merendar cuando se ha acabado el pan del bocadillo. En mi casa es uno de los juegos favoritos. Los niños se mueren de risa e inventan soluciones locas como mojar la magdalena en el gel de la ducha o hacer un bocadillo partiendo una zanahoria por la mitad. Seguro que se les ocurren muchas ideas geniales que harán que paséis un buen rato. Cuando sean mayores, esa capacidad para pensar ideas locas será lo que les permitirá encontrar una solución práctica y genial a cualquier problema que se presente en sus vidas.

Enfatiza el proceso, no el resultado

Muchas veces, los padres ayudan al niño en los ejercicios de plástica de la escuela y se afanan en que quede bonito. Sin embargo, para ayudar al niño a conservar su creatividad, lo importante no es que dibuje bien, que sepa las respuestas o resuelva acertadamente los problemas, sino que utilice su imaginación para pensar. A lo largo de su vida esta habilidad será tan importante como todas las demás juntas. Puedes observarlo mientras dibuja, construye o inventa un juego y preguntarte: ¿se está divirtiendo haciéndolo?, ¿ha tenido ideas interesantes?, ¿ha conseguido plasmar sus ideas en algo real, bien sea un juego, un dibujo o una construcción? Si es así, su imaginación ha salido reforzada porque habrá tenido una experiencia muy gratificante.

No interfieras

Si hay un área en la que no interferir puede ser más importante que hacerlo para el desarrollo de la confianza, es la creatividad. El proceso creativo implica que el niño se mueva libremente por su mundo. Todos los expertos en creatividad coinciden en que cuanto menos intervengan los padres, mejor. También es importante no reforzar en exceso. Puedes decirle si te gusta o no te gusta, puedes hacerle ver que entiendes lo que ha querido hacer, pero evita calificar sus «obras de arte» u «ocurrencias» con palabras como «bien» o «mal». Recuerda que lo importante es el proceso, no el resultado.

A continuación vamos a ver cómo dos padres actúan frente a la creatividad con dos estilos totalmente distintos. La mamá de Daniel va a poner todo su empeño en que le salga un dibujo precioso. La mamá de Sara va a mirar muy callada cómo su hija dibuja y después va a comentar el dibujo con ella.

Interferir en la creatividad	Respetar el proceso creativo
M: A ver, Daniel, ¿me enseñas lo que estás dibujando?	S: ¡Mira, mamá! ¡Mira lo que he dibujado!
D: Sí.	M: Ya te he visto dibujar. ¡¡Estabas muy concentrada!!
M: ¿Qué es? ¿Un caracol?	
D: Sí.	S: Sí, pero mira lo que he hecho.
M: Está muy bien, pero le faltan las antenas.	M: ¡Toma ya! ¡Menudo dibujo que has hecho!
D: Es que voy a hacérselas ahora.	S: Sí.
M: Fíjate, el caracol tiene unas antenas y unos ojos. En total son cuatro.	M: Esto es un caracol, ¿verdad?
	S: Sí.
D: Vale.	M: Y ¿qué es esto que le sale de la boca?
M: Y al caracol le sale una colita detrás, ¿lo ves? Déjame ayudarte.	S: ¡¡Son colmillos!!
	M: ¡Jope! Debe ser un caracol muy peligroso.
D: Vale.	S: Sí, ¡es un caracol vampiro!
M: Oye, y ¿vas a dibujar una lechuga? A los caracoles les encanta la lechuga.	M: ¡Qué miedo!
	S: Sí. Y está con un gusano volador.
D: ¿Cómo se hace?	M: ¡Es verdad! ¡Mira qué alas tiene!
M: Mira, así, con verde. Te la dibujo yo.	S: Sí, ¡son para volar!
D: ...	M: Me encanta, ¿me lo regalas? Voy a ponerlo junto a mi cama. Aunque igual me da un poco de miedo...
M: ¡Nos está quedando muy bien!	
D: Me voy a jugar. Ya no quiero dibujar más.	S: ¡¡¡Sí!!! ¡¡Voy a dibujar otra cosa!!

Ayúdalo a conectar

Una de las características de las personas creativas es que son capaces de conectar ideas que parecen inconexas a los ojos de los demás. Mezclar los colores de moda con una fotografía de Marilyn Monroe, como hizo Andy Warhol, juntar carne picada y un trozo de pan para crear una hamburguesa o poner dos motores en lugar de uno para crear un avión que transporte pasajeros son ejemplos de conexiones imposibles que han resultado acertadas. Todos los días los hijos tienen cientos de ideas inconexas que a veces los padres nos encargamos de corregir. El niño que descubre las palabrotas dice cosas como «gorila con pañal», «señor Mofletudo» o «escarabajo piojoso». Algunos padres se apresuran a corregir al niño explicándole que esas cosas no se dicen o que los escarabajos no tienen piojos porque no tienen pelo. Como acabas de ver en el ejemplo del caracol con colmillos, las ideas de los niños son tan originales que a veces los adultos no sabemos apreciar su verdadero valor. Yo te animo no solo a que disfrutes de su mundo, sino también a que lo ayudes a conectar cosas que están distantes entre sí. Si tu hija lleva un chubasquero de rayas, puedes preguntarle qué otras cosas tienen rayas. Ella puede decirte que una cebra, un paso de peatones o un pijama de presidiario. Ayudándola con un pequeño rugido puede que también conecte con las rayas del tigre. Puede parecerte un juego tonto, pero la capacidad de saltar de un chubasquero de rayas a una cebra o a una camiseta de marinero es una de las principales características de las personas más creativas e inteligentes.

Recuerda

La creatividad es una capacidad muy importante en la vida de cualquier persona. Tu hijo es un maestro de la creatividad. Ayúdalo a conservarla. Limita el tiempo programado, desenchúfalo de la tele y dale tiempo para aburrirse y explorar con su imaginación nuevas formas de divertirse. Refuerza y sé un ejemplo de actitud creativa. Puedes darle espacios, momentos y herramientas para que desarrolle su imaginación, pero, sobre todo, respeta sus momentos creativos de manera que evites dirigirlo o premiar la calidad del resultado. No olvides que la imaginación de tu hijo puede llevarlo a cualquier parte que se proponga.

25.
Las mejores aplicaciones para niños menores de seis años*

«Mis hijos, por supuesto, tendrán un ordenador algún día. Pero, antes de que llegue ese día, tienen libros.»

BILL GATES

* Siento decir que no he encontrado ninguna que resulte útil para el desarrollo intelectual y emocional de los niños de estas edades. (Nota del autor.)

26.
Despedida

«Es más fácil construir niños fuertes que arreglar hombres rotos.»

FREDERICK DOUGLASS

Hablar de niños siempre es una oportunidad de disfrutar y de conectar con nuestro niño interior. Me gustaría que todo lo que has leído en este libro puedas interiorizarlo desde tus valores y desde el sentido común. Recuerda el principio de equilibrio y aplícalo con buen juicio. Lo último que querría es que algún papá o mamá se aferrara a una sola línea de este libro e hiciera de ella un dogma. Creo firmemente, y así he intentado transmitirlo, que la verdadera clave del éxito en la educación reside en dejar atrás los métodos cerrados y los dogmas y vivir el momento. Desde mi experiencia, un gran padre o educador no es el que sigue un método cerrado o se ciñe a un plan establecido, sino aquel que sabe detectar la necesidad del niño en cada momento y aprovechar las oportunidades educativas que nos brinda el día a día. Veamos un ejemplo práctico. Hace unos pocos capítulos te hablé con entusiasmo de la importancia que tiene para mí inculcar al niño el amor por la lectura antes de ir a dormir. Sin embargo, si un día estáis demasiado cansados como para leer y vuestro hijo os pide con insistencia que le leáis su cuento, habladle de vuestro cansancio con sinceridad. Vuestra respuesta asertiva le servirá de modelo para desarrollar su propia asertividad y lo ayudará a desarrollar su empatía, poniéndose en el lugar de sus cansados papá o mamá. Además, tendrá que hacer un esfuerzo por dominar su propia frustración. El cerebro de tu hijo es como una esponja y aprovechará cada oportunidad para aprender y alcanzar un desarrollo pleno. Te animo a que tú también aproveches tus circunstancias para sacar todo tu potencial como educador.

Nos hemos sumergido en algunos de los temas que considero más relevantes en el desarrollo intelectual y emocional de todo niño. Palabras como «confianza», «responsabilidad», «asertividad» o «autocontrol» pueden sonar algo grandes para niños tan pequeños. La realidad es que con un enfoque basado en el juego y la comunicación entre madre o padre y niño se pueden construir, desde la más tierna infancia, cimientos sólidos sobre los que el propio niño podrá edificar su mente maravillosa. Para mí son otras palabras, como «clases extraescolares», «deberes», «castigos» o «teléfonos móviles», las que suenan demasiado fuerte para un cerebro que debe jugar y desarrollarse sin presiones, miedos ni ritmos frenéticos. En este sentido, es muy posible que la labor más importante de todo padre en los tiempos que corren sea la de no entorpecer, acelerar o adulterar el desarrollo natural del cerebro de sus hijos.

Muchas de las ideas que has podido conocer aquí no son nuevas. Más de cincuenta años de investigación psicológica y experiencia educativa revelan que los padres y las madres más satisfechos con su labor, aquellos que han criado niños que han llegado a ser adultos autónomos, con un buen desarrollo académico, intelectual, emocional y social, no son los que llevan a sus hijos a los colegios más caros o llenan sus días de actividades extracurriculares. Los secretos de una educación de éxito son mucho más sencillos, aunque posiblemente requieren de un mayor compromiso personal. Estos padres se muestran afectuosos y crean un vínculo seguro con sus hijos. Fomentan su autonomía y los ayudan a superar sus miedos y temores. Establecen normas claras y refuerzan con frecuencia comportamientos positivos. También los apoyan en el desarrollo académico e intelectual. Los niños observan todo lo que hacemos y, por lo tanto, la capacidad de los padres de relacionarse con los demás también influye en el desarrollo de sus hijos. Así, los padres y las madres que muestran una buena relación con su pareja, siendo respetuosos, ofreciendo apoyo y valoración mutua, y también los que demuestran buenas capacidades para dominar su frustración y manejar el estrés, parecen ser mejor influencia para el desarrollo emocional e intelectual del niño. Como has podido comprobar, son ideas sencillas que todo padre y toda madre pueden aplicar si demuestra valores de respeto y comprensión tanto con el niño como con otros adultos y consigo mismos y si dedica el tiempo necesario a estar con sus hijos. Sin lugar a dudas, lo más importante para tu hijo y para su cerebro es que estés presente.

La neurociencia nos indica también que enriquecer las conversaciones padre/madre/hijo, cultivar la paciencia y el autocontrol y promover la inteligencia emocional son estrategias valiosas y con sentido. Personalmente creo –y así he intentado plasmarlo a lo largo de toda esta obra– que una de las estrategias más inteligentes que podemos utilizar como educadores, y que pocos padres y educadores utilizan, es ayudar a nuestros hijos a fortalecer las conexiones que unen el cerebro emocional con el racional. Utilizar la empatía, ayudar a integrar experiencias de alta carga emocional, enseñar al niño a escuchar tanto a su razón como a su emoción a la hora de tomar decisiones y ayudar a su lóbulo frontal a ejercer autocontrol cuando la situación lo requiere enriquece el diálogo entre la inteligencia emocional y la racional. Solo cuando este diálogo es fluido y equilibrado aparece la verdadera madurez; la capacidad para armonizar nuestros sentimientos, pensamientos y acciones con el fin de que vayan en la misma dirección.

Hemos llegado juntos al final de este recorrido y quiero agradecerte de corazón que me hayas dejado acompañarte. He intentado plasmar en este libro todos mis conocimientos y experiencias como padre, neuropsicólogo y psicoterapeuta. Son conocimientos que he aprendido y heredado de personas que saben y han investigado mucho más que yo.

También he plasmado todo el conocimiento intuitivo y la experiencia que me ha transmitido mi esposa, muy especialmente el valor del juego, el afecto, la generosidad y el contacto físico en la educación del niño. Siento que la mitad de este libro es obra suya. Puedo asegurarte que no has leído ni un solo consejo en el que no crea, porque los utilizo todos en el día a día con mis hijos. Si sigues algunas de las estrategias que he compartido contigo, podrás conseguir algo más que sobrevivir a la crianza de tus hijos. Criar, y posteriormente educar a un hijo, es mucho más que conseguir que este alcance una sucesión de logros, como quitarle el pañal o enseñarlo a leer. Tampoco es conocer las últimas tecnologías a las que podemos enchufarlo para que su cerebro se desarrolle más pronto, rápido y lejos. Lo que la neurociencia nos enseña es que el cerebro del niño necesita que tanto sus padres como los educadores construyan con él una relación de ayuda en la que el niño pueda apoyarse para alcanzar todo su potencial. Estoy convencido de que cada uno de los principios, herramientas y estrategias que has podido aprender te permitirán sentirte plenamente satisfecho con tu papel como papá o mamá y, lo más importante, van a ayudarte a conectar con tu hijo de una manera única y especial. Será un lugar mágico desde el que podrás acompañar y apoyar a tu hijo para que alcance un desarrollo intelectual y emocional pleno.

Me despido invitándote una vez más a que conectes con tu niño interior. Recuerda que el cerebro del niño no está programado para percibir ni aprender de la misma forma que el tuyo y, por lo tanto, la mejor manera de enseñarle es que te metas en su mundo y hables, leas, sientas y juegues con él. Disfrútalo.

Bibliografía

Creo sinceramente que lo que has podido leer en este libro es suficiente para que consigas que tu hijo tenga un desarrollo cerebral pleno. Me da cierto miedo recomendar libros, porque, como ya te he comentado, demasiada información puede «cortocircuitar» el sentido común, que es lo que he querido transmitirte. Sin embargo, he intentado hacer una pequeña selección de libros que armonizan con las ideas que he expuesto y que profundizan en algunos temas clave del libro. Recuerda no llevar nada de lo que leas al extremo y conjugar cualquier enseñanza o teoría con tu sentido común como padre, madre o educador.

GONZÁLEZ, Carlos, *Bésame mucho. Cómo criar a tus hijos con amor*, Barcelona, Temas de Hoy, 2003.
Un clásico entre los libros de educación y crianza. Aquí descubrirás por qué la cercanía y el apego son el mejor regalo que puedes hacer a tus hijos.

SIEGEL, Daniel J., y PAYNE BRYSON, Tina, *El cerebro del niño*, Barcelona, Alba Editorial, 2012.
Un libro sencillo y muy bien escrito que te ayudará a profundizar en el papel de la empatía y de los distintos niveles de procesamiento cerebral en la superación de los miedos y el entendimiento de las emociones del niño.

L'ECUYER, Catherine, *Educar en el asombro*, Barcelona, Plataforma Editorial, 2012.
Un delicioso libro acerca de los ritmos naturales del niño y de cómo la tecnología y el mundo frenético en el que vivimos afectan su cerebro.

ROBINSON, Sir Ken, *El elemento. Descubrir tu pasión lo cambia todo*, Barcelona, Grijalbo, 2009.
Este libro te ayudará a entender el valor de la motivación y de la creatividad en la vida y en la educación de los niños.

MEDINA, John J., *Viaje al cerebro del niño. Cómo criar a un niño inteligente y feliz*, Barcelona, Paidós Ibérica, 2013.
Un libro bien documentado acerca de lo que funciona y lo que no funciona en el desarrollo intelectual del niño.

FABER, Adele, y MAZLISH, Elaine, *Cómo hablar para que sus hijos le escuchen. Y cómo escuchar para que sus hijos hablen*, Barcelona, Medici, 1997.
Un libro lleno de sabiduría acerca de cómo comunicarnos

y educar a los hijos para hacer crecer nuestra relación en lugar de destrozarla.

MELGAREJO, Xavier, *Gracias, Finlandia*, Barcelona, Plataforma Editorial, 2013.
Si quieres conocer cómo educan a los niños, libres de presiones, en uno de los sistemas educativos más avanzados del mundo, este es tu libro.

Su opinión es importante.
En futuras ediciones, estaremos encantados
de recoger sus comentarios sobre este libro.

Por favor, háganoslos llegar a través de nuestra web:

www.plataformaeditorial.com

Plataforma Editorial planta un árbol
por cada título publicado.

Made in the USA
Columbia, SC
29 November 2017